Daniela Dahn

Der Schlaf der Vernunft

Über Kriegsklima, Nazis und Fakes

Rowohlt Taschenbuch Verlag

Originalausgabe
Veröffentlicht im Rowohlt Taschenbuch Verlag, Hamburg, November 2024

Covergestaltung zero-media.net, München
Coverabbildung und Frontispiz «Der Schlaf der Vernunft gebiert Ungeheuer», Nr. 43 der Caprichos, 1797–1799. Radierung und Aquatinta von Francisco de Goya, Madrid (Shutterstock)
Satz Minion bei Dörlemann Satz, Lemförde
Druck und Bindung CPI books GmbH, Leck
ISBN 978-3-499-01658-5

FSC
www.fsc.org
MIX
Papier | Fördert gute Waldnutzung
FSC® C083411

Inhalt

Wider den Schlaf der Vernunft

Unser Leben mit den Ungeheuern von heute

Da sitze ich an einem Buch über Vernunft und kann mir nicht sicher sein, ob bei seinem Erscheinen nicht schon der dritte Weltkrieg ausgebrochen ist. Was wie ein schlechter Witz klingt, macht es auch mir schwer zu glauben, dass es bitterer Ernst ist. Jeden Tag kommt ein Schritt Eskalation hinzu, kaum Hoffnung. Der einzige Grund für eine solch unfassbare Sorge kann doch nur allseitige Unvernunft sein. Und es scheint, als könne man sich selbst *daran* gewöhnen. Da Sie allerdings gerade die Geduld haben, in diesem Buch zu lesen, ist der Katastrophe wohl noch etwas Aufschub vergönnt. Gebannt ist die Gefahr nicht, das ist derzeit das Einzige, was ich mit Sicherheit sagen kann. Wir sollten den Aufschub nutzen.

Vernunft ist die einzige Gabe, über die jeder hinreichend zu verfügen glaubt. In der Gewissheit, sie lasse eigentlich bei allen anderen doch recht zu wünschen übrig. Vom Aussichtsturm des eigenen Egos ist das Vernunftgefälle um einen herum unübersehbar. Kein Alleinbesitz scheint so sicher wie der der Vernunft. Mit diesem Glauben lässt sich leben.

Vernunft – was für ein wohlfeiles Versprechen auch im politischen Alltagsgeschäft. Und wie schnell vereinnahmen wir sie im Sprachgebrauch, ohne wirklich einen Begriff davon zu haben. Wohl erst recht nicht von «reiner Vernunft», wie nach nunmehr 300 Jahren Immanuel Kant angemerkt sei. Selbst *seine* Vernunft gilt schließlich inzwischen als nicht mehr unfehlbar. Aber da Kant wie kein anderer unseren Erkenntnisapparat vor unseren Augen zerlegt und wieder zusammengesetzt hat, bleibt er der größte Philosoph der Aufklärung.

«Der Verstand vermag nichts anzuschauen, und die Sinne nichts zu denken. Nur daraus, dass sie sich vereinen, kann Erkenntnis entspringen», so Kant in seinem Hauptwerk «Kritik der reinen Vernunft». Unsere Sinnlichkeit ermöglicht uns, Vorstellungen zu empfangen, unser Verstand, Vorstellungen selbst zu erschaffen. Die Erkenntnis, der «keine Empfindung beigemischt» ist, ist rein. Pures Denken. Logik als Wissenschaft der Verstandesregeln. «Eben darin besteht Vernunft: dass wir von allen unseren Begriffen, Meinungen und Behauptungen», so Kant, aus subjektiven oder objektiven Gründen «Rechenschaft geben können».

Begriffe begründen können als Voraussetzung für Vernunft. Doch Vorsicht, unsere Begriffe sind ein vom Zeitlauf kontaminiertes Gelände. Auf vielen ruht eine Altlast, die schwer abzutragen ist.

Nehmen wir nur den Ausdruck «Zeitenwende». Er war das Wort des Jahres 2022, bezogen auf die Regierungserklärung von Kanzler Scholz vom 27. Februar. Wenn ich im Folgenden eine andere Nutzung dieses Begriffes, in anderem Zusammenhang, zu anderer Zeit, zu erwähnen wage, dann ganz sicher nicht, um inhaltliche oder personelle Analogien zu konstruieren, sondern einzig, um das Toxische von Begriffen in ihren Kontexten zu verdeutlichen. Denn es ist mitunter richtig und wichtig, solche vorbelasteten Worte mit anderer Bedeutung zu füllen, sie also öffentlich zu entgiften. Ich werde Beispiele nennen, wie ich selbst, zunächst unbewusst, dann absichtlich dabeibleibend, mich solcher Begriffe bedient habe. Weil es keine treffenderen gibt.

Wann beginnt eine Geschichte?

Alles, was passiert, hat eine Ursache. Eine Kette von Ursachen. «So ist alles, was geschieht, nur eine Fortsetzung der Reihe und kein Anfang, der sich von selbst zutrüge», sagt Kant. Allem gehe also eine Bedingung voraus, und wenn diese wiederum bedingt ist, habe man sich auf eine entferntere Bedingung zu beziehen und so auf «alle Glieder der Reihe». Wer diesen Grundsatz zu beherzigen versucht, macht sich oft unbeliebt, wie ich aus eigener Erfahrung bestätigen kann. Es ist für jede Schlussfolgerung eminent wichtig, mit welchem «Glied der Reihe» man den Beginn einer Geschichte setzt.

Ich erlaube mir, diese elementare Bedeutung für meine Schreibhaltung an zwei simplen, aber anschaulichen Grafiken mit Zahlen des Statistischen Bundesamtes zu veranschaulichen. Ist nicht die korrekte Schlussfolgerung aus jedem richtigen Zahlenwerk hinreichend «reine Vernunft»?

Weit gefehlt. Das folgende Diagramm mag manchem mit seiner Grundaussage noch erinnerlich sein, denn sie wurde permanent wiederholt: die Entwicklung der wirtschaftlichen Leistungskraft der «neuen Bundesländer» nach Einführung der D-Mark. Die Währungsunion war am 1. Juli 1990, die Statistik beginnt etwa ein Jahr später. Die Zahlen bestreitet niemand, sie sind seriös belegt.

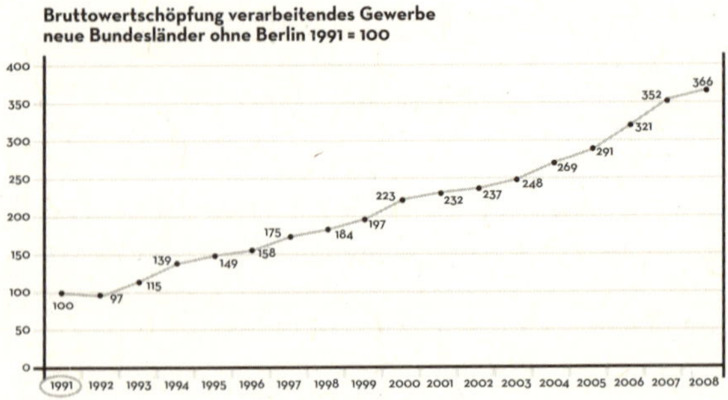

Die Botschaft ist klar: Die marode Volkswirtschaft der DDR kann sich in den neuen Bundesländern Schritt für Schritt erholen, eine einzige Erfolgsgeschichte. Erzählen wir die gleiche Geschichte: mit dem Unterschied, sie zwei Jahre früher beginnen zu lassen. Unser Ausgangspunkt ist das Ende der DDR, also ihre wirtschaftliche Leistungskraft 1989.

Diese Kurve erfasst die beiden dramatischsten Jahre, also vom Sommer 1989 bis Sommer 1991 – die überstürzte Währungsunion, die Schocktherapie der Privatisierungen durch

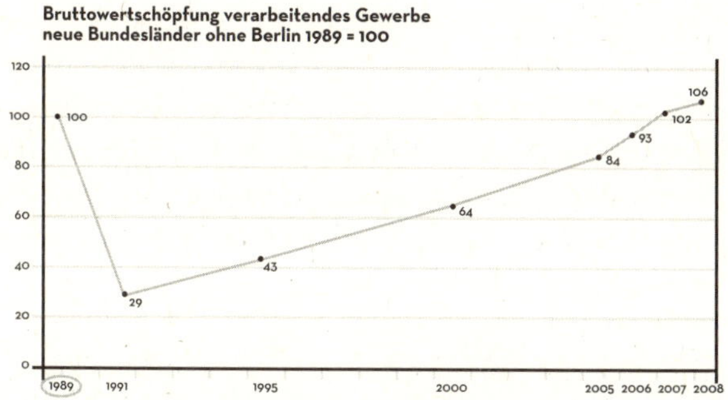

die Treuhand, den Wegfall sämtlicher osteuropäischer Absatzmärkte, die bisher über den transferablen Rubel funktionierten. In den zwei Jahren, die die erste Kurve ausblendet, stürzte die Bruttowertschöpfung des verarbeitenden Gewerbes, Maßstab für die wirtschaftliche Leistungskraft, um 70 Prozent ab!

Ein solcher Absturz war einmalig in der Weltgeschichte. Nicht einmal der Dreißigjährige Krieg hatte Folgen solcher Art. Wie von Fachleuten vorhergesagt, hatte die über Nacht ungeschützt eingeführte D-Mark die Wirkung einer ökonomischen Atombombe. Vier Millionen Ostdeutsche wurden arbeitslos. Danach ging es äußerst langsam voran. Es dauerte ganze 18 Jahre, bis auch nur der ach so marode Stand vom Ende der DDR wieder erreicht wurde. Diese Jahre haben den Osten mental und funktional bis heute nachhaltig geprägt.

So einfach kann man ein Desaster in eine Erfolgsgeschichte verwandeln – ohne Fakes, ohne Demagogie, einzig und allein durch Auslassen der Vorgeschichte.

Aufklärer unterschätzen das blinde Gefühl

Ob das die «perversa ratio» sein könnte, die «verkehrte Vernunft», von der Kant spricht, sei dahingestellt. Er verurteilt auch «faule Vernunft» und «vernünftelnde Argumente», die womöglich nur «subalternes Vermögen» hätten. Der Philosoph spricht mit «einiger Verlegenheit» von der Absicht, Vernunft erklären zu wollen.

Diese Verlegenheit mag sich aus einer anderen erklären, die Aufklärer, gerade auch linke, fast immer unterschätzen. Psychologen oder Dichter haben dieses Dilemma eher erfasst. So Lion Feuchtwanger in seinem Roman *Exil*: «Was für eine geringe Rolle im geistigen Gesamthaushalt eines Menschen spielt die Vernunft und was für eine ungeheure das blinde Gefühl.» Eingedenk dessen soll hier der bescheidene Versuch unternommen werden, den Anteil der Vernunft in diesem Ungleichgewicht zu erhöhen. Gerade weil die allgegenwärtige Indoktrination weniger über den Verstand funktioniert als durch die Mobilisation von Gefühlen durch Bedrohungsängste, Feindbilder und Fehlinformationen.

Aber was meine ich, wenn ich von Vernunft spreche? Die Politologin Lea Ypi definiert Vernunft als kantische Fähigkeit der Organisation des Wissens mit einem moralischen Zweck.[1] Abermals Vorsicht – werden doch die übelsten Zwecke durchaus wirkungsvoll mit Moral gerechtfertigt. Etwa die Notwendigkeit, Kriege für alles Gute und Schöne zu führen, worauf ich zurückkommen werde. «Die Massen sind niemals kriegslüstern, solange sie nicht durch Propaganda vergiftet werden», schrieb der «militante Pazifist» Albert Einstein an Sigmund Freud. Dieser war skeptischer, der Aggressionstrieb sei nicht abzuschaffen und der Glaube, dass der Mensch sich freiwillig der Vernunft beugen würde, eine Utopie. Dennoch plädierte er nicht für Resignation, sondern für Mut. Der Friede sei eine kolossale moralische Anstrengung.

Für meine Arbeitsdefinition darf also der moralische Zweck nicht im Nebel bleiben. *Vernunft ist die Fähigkeit, all sein Wissen in den Dienst eines Allgemeinwohls zu stellen, dass die Voraussetzung für die freie Entwicklung eines jeden ist.*

Da aber Gemeinwohl auch ein unbestimmter Rechtsbegriff ist, sei auf die Gemeinwohlwerte des Grundgesetzes verwiesen: Würde, Frieden, Wohlstand auf der Grundlage sozialer Gerechtigkeit, bürgerliche Freiheitsrechte und eine Demokratie, in der das Volk seine Souveränität nicht ausschließlich an Partei-Repräsentanten delegiert. Wo das Grundgesetz sich nicht festlegt, sei ergänzt: Basis wäre eine Gemeinwohl-Ökonomie, die Gemeineigentum seinen Raum gibt. Ich komme auch darauf zurück. Ein solches *bonum commune* müsste sich also sowohl gegen den orthodoxen Staatssozialismus richten wie auch gegen die Kommerzialisierung der Individuen und damit gegen den Profit-Motor des Kapitalismus. Da bin ich ganz bei Lea Ypi.

Kant hat die Praxis des Denkens weitgehend aus konkreter, politischer Kausalität herausgehalten. Das macht seine Genialität und seine gewollte Selbstbeschränkung aus. Er wird als Aufklärer gefeiert, nicht als Revolutionär. Aber ist nicht Aufklärung die Voraussetzung jedes Aufstandes? Jeder Revolte gegen die schlafende Vernunft?

Die feudale Obrigkeit hat sich damals jedenfalls angefasst gefühlt. Friedrich Wilhelm, von Gottes Gnaden König von Preußen, missfielen Kants selbstbewusste Vernunftsurteile entschieden. In einem königlichen Spezialbefehl an Kant hieß es: «Wir gegenwärtigen Uns von Euch bei Vermeidung Unserer höchsten Ungnade, dass Ihr Euch künftighin nichts dergleichen werdet zuschulden kommen lassen, ... widrigenfalls Ihr Euch bei fortgesetzter Renitenz, unfehlbar unangenehmer Verfügungen zu gewärtigen habt.»

Damals hatte ein derart Widersprechender indessen noch prominente Verteidiger. Fichte und Beethoven, Schelling und Schiller. Hegel lobte Kant euphorisch: «Ich glaube, es ist kein besseres Zeichen der Zeit als dieses, *dass die Menschheit vor sich selbst so achtungsvoll dargestellt wird*; es ist ein Beweis, dass der Nimbus um die Häupter der Unterdrücker und Götter der Erde verschwindet.»

Die Bewunderung galt dem Vordenker der Idee von der Gleichheit aller Menschen, also der universellen Menschenrechte, die ein Meilenstein der Zivilisation werden würden. Auch wenn sie in den meisten Teilen der Welt nicht eingehalten wurden und inzwischen von allen Seiten wenig respektiert sind. Geht es heute eher darum, *die Menschheit* vor den «Ungeheuern» zu bewahren, die keinen Grund für *Achtung vor sich selbst* mehr übrig lassen? Interessen im Kostüm der Vernunft? «Jeder hat so viel Recht, wie er Macht hat», sagt der Philosoph Spinoza.

Eine Ordnung für das Überleben der Menschheit

Wir haben reichlich Gelegenheit, die Vorstellung zu empfangen, dass die Vernunft bei den von uns gewählten Entscheidungsträgern schläft. Sie halten nicht hinreichend Schaden von ihrem Volk ab, wozu sie sich verpflichtet haben. Sie versagen darin, eine Friedensordnung zu gewährleisten, den irreparablen Kipppunkt des Klimas zu verhindern, Fluchtursachen zu bekämpfen. Sie schüren Ängste vor Pandemien, aber gehen ein Weltkriegsrisiko ein, um ihre Werte, also ihre Herrschaft, durchzusetzen. Sie selbst sind der Rechtsruck.

Und dennoch wählen große Mehrheiten sie immer wieder. Haben denn Massenproteste je eine politische Entscheidung aufgehoben, fragen die Resignierten. Kriegshysterie scheint ansteckender als Corona. Alles Schlafwandler?

«Der Schlaf der Vernunft gebiert Ungeheuer» – diese Radierung aus Francisco de Goyas *Los Caprichos*-Sammlung ist eines der meistinterpretierten Werke der Kunstgeschichte. In welche Abgründe werden die groteskgroßen Fledermäuse mit ihrem Hitchcock-artigen Anflug den Schlafenden reißen? Wird der träumende Künstler hier nur von seinen eigenen Dämonen bedrängt? Ist der Zauber der Aufklärung schon vorbei, den Goyas älterer Zeitgenosse Kant zu entfachen half? Oder wird vielmehr der Betrachter aufgefordert, sich den Ungeheuern der Zeit mit Vernunft zu widersetzen? Ich neige zu dieser Lesart. Ist doch Goya neben seiner romantischen Genremalerei vor allem ein hochpoliti-

Protest der DDR-Schriftsteller am 28. Oktober 1989 in der Berliner Erlöserkirche. Daniela Dahn und Jürgen Rennert moderierten vor 4000 Besuchern, während Hunderte auch vor der Kirche die Lautsprecherübertragung in dieser kalten Herbstnacht bis weit nach Mitternacht verfolgten. Die Fotos stammen aus dem *Archiv der DDR-Opposition* unter dem Dach der *Robert-Havemann-Gesellschaft*. Das Foto oben mit dem Motto machte Klaus Ihlau, die drei weiteren Rolf Zöllner. Auf den nächsten Seiten sieht man links Heiner Müller und Stephan Hermlin und rechts im Publikum weitere Prominente.

scher Künstler. Das bezeugen nicht nur die 82 Radierungen zu dem Titel: *Die Schrecken des Krieges.* Darin geht es um die napoleonischen Machtkämpfe, die die Zivilbevölkerung erfassen, um Soldaten, die zu Schlächtern werden. Berühmt sein großes Ölbild: *Die Erschießung der Aufständischen.*

Goya karikiert die *Anklage der Zeit* und den *Tod der Wahrheit.* Drastisch illustriert er Hexenverfolgung und Gräuel der Inquisition, von der er selbst angeklagt wurde, aber Schutz durch den König fand. Unter dem Titel *Die Gefangenschaft ist so barbarisch wie das Verbrechen* zeigt er die Qual an Händen und Füßen angeketteter Gefangener, das trostlose Dasein von Insassen sogenannter Irrenhäuser, Gewalt gegen Frauen und Kinder, Aufruhr, Raubüberfälle,

Morde – und immer wieder umflattern schwarze Nachtvögel des Schreckens die Szenerien. Die Ungeheuer von damals.

Meine Hemmschwelle, mich Goyas magischer Metapher zu bedienen, wird abgemildert durch den Umstand, dass mich eine nachhaltige persönliche Erinnerung mit seinem Denkspruch verbindet. Unter dem Motto *Wider den Schlaf der Vernunft* moderierte ich am 28. Oktober 1989 mit dem Lyriker Jürgen Rennert in der Berliner Erlöserkirche eine sechsstündige Protestveranstaltung ausnahmslos aller namhafter Schriftsteller der DDR. Nie zuvor hatten sie so vereint an einer Veranstaltung teilgenommen – Heiner Müller und Stefan Heym, Christa Wolf und Volker Braun, Stephan

Hermlin und Elke Erb, Günter de Bruyn und Christoph Hein, Wolfgang Kohlhaase, Joochen Laabs und viele mehr.

Auslöser für diese gemeinsame Entschlossenheit war der Protest gegen den gewaltsamen Umgang der Polizei mit friedlichen Demonstranten während des 40. Jahrestages der DDR drei Wochen zuvor. Wir forderten eine unabhängige Untersuchungskommission (die später auch eingerichtet wurde) und weitgehende Reformen. Wir seien zu Herausforderern und Herausgeforderten zugleich geworden, sagte ich eingangs. Diesmal würden wir es genau wissen wollen, was das sein könnte: Sozialismus. Es ging gegen den Kurs der schläfrigen Gerontokraten im Politbüro und in anderen Büros. Darüber gab es Einigkeit, und alle ergänzten das für sie Wichtigste: statt eines Apparates einen demokratischen Staat, Machtkontrolle und Gewaltenteilung, unabhängige Gerichte und Medien, weder Zensur noch Vormundschaft. Stattdessen Glaubwürdigkeit. Minister, die in des Wortes Sinn tatsächlich Diener sind. All das würde auf eine neue Ordnung hinauslaufen, aber eine im eigenen Haus.

Fünfunddreißig Jahre danach geht es um nichts Geringeres, sondern um mehr. Um die Ungeheuer von heute. An der Schwelle zu einem Weltordnungskrieg stehend, der ein atomarer sein könnte, zusätzlich vom Klima versenkt und versengt, bedroht von selbstdesignten Seuchen, geht es um das Überleben der Menschheit.

Der lange Marsch ins Kriegsklima

Ersetzt man Vernunft durch Moral, wird es gefährlich

Verspotte nicht, verurteile nicht, verdamme nicht, aber versuche zu verstehen.

Baruch de Spinoza

Verstehen ist die Voraussetzung jeder Erkenntnis, die zu Vernunft führen soll. Ich bewundere die Weisheit von Spinoza, muss aber gestehen, dass ich so viel Großherzigkeit nicht aufbringe. Allerdings fange ich nicht, wie üblich geworden, mit dem Verspotten und Verdammen an, sondern bemühe mich intensiv und ernsthaft, meine Erkenntnisse aus der Kette der Bedingtheiten zu gewinnen. Aber dann will ich auch urteilen, wenn nicht verurteilen dürfen. Sonst bleibt das Ganze eine unverbindliche Übung, von der auch diejenigen, die ich zum Mitdenken und Widersprechen einlade, nichts hätten.

Der Verzicht auf Gewalt nach der Brutalität des von NS-Deutschland ausgelösten Zweiten Weltkrieges sollte die zentrale Errungenschaft des 20. Jahrhunderts sein. Gleich der erste Satz der Präambel der im Juni 1945 verabschiedeten UN-Charta beschwört: «Wir, die Völker der Vereinten

Nationen – (sind) fest entschlossen, künftige Geschlechter vor der Geißel des Krieges zu bewahren, die zweimal zu unseren Lebzeiten unsagbares Leid über die Menschheit gebracht hat.» Fast achtzig Jahre später sind jene «künftigen Geschlechter» längst die heutigen – die Geißel des Krieges ist wieder da. Sie sind ohne eigene Erinnerung an das unsagbare Leid von damals. Zum Glück fehlt ihnen auch die Entbehrungserfahrung der Nachkriegsgeneration und die angstvolle Anspannung im Kalten Krieg. Dass es ihnen vor der aufziehenden Weltkriegsgefahr weitgehend die Sprache verschlägt, ist dennoch erstaunlich. Haben wir Älteren nicht nachdrücklich genug gewarnt? Lagern all die Antikriegsfilme und -bücher nur noch in Archiven? Deutschland gibt heute weniger als 0,3 Prozent seiner Rüstungsausgaben für die UNO aus. Wessen Vernunft hat sich durchgesetzt? Oder wessen Interessen?

Niemand, wirklich niemand, der sich jetzt so vehement für Waffenlieferungen an die Ukraine ausspricht, kann garantieren, dass diese nicht mehr Menschenleben kosten, als sie zu schützen vorgeben. Die Nachkommen protestieren nicht gegen die Militarisierung des Denkens und Handelns, nicht gegen das Nichterfassen des ökologischen Fußabdrucks des Militärs. Die Sprengung der Nord-Stream-Pipeline brachte den größten CO_2-Ausstoß aller Zeiten – sie fragen nicht danach. Zweifeln sie wenigstens an der Vernunft derjenigen, die ihnen diese beschädigte Welt übergeben haben? «How dare you?», fragt eine Minderheit die verantwortlichen Funktionsträger. Hatten diese wiederum je die wirkliche Chance, auf ihre Vernunft zu hören statt auf die Interessen der brotgebenden Götter, denen sie sich anzudienen hatten?

Das bildungsbürgerliche Hegel-Zitat haben die Macher von heute womöglich in der Schule gehört, aber nicht auf sich bezogen: «Was die Erfahrung und die Geschichte lehren, ist dieses, dass Völker und Regierungen niemals etwas aus der Geschichte gelernt und nach Lehren, die aus derselben zu ziehen gewesen wären, gehandelt haben.» Wir alle scheinen wehrlos gegen den näher kommenden Bug einer Propaganda-Welle, die Krieg zum Normalzustand erklärt und Frieden zur Ausnahme. Ich erlebe eine zu meinen Lebzeiten bisher nie gekannte geistige Mobilmachung.

Dabei war es so seit der Antike: Um von der Notwendigkeit der Vorbereitung oder Führung des Krieges zu überzeugen, bedarf es vor allem eines klaren Feindbildes. Dieses Kriegsdelirium verschlägt auch mir täglich neu die Sprache, ich muss mich zwingen, sie nicht zu verlieren. Denn gerade das Aufbegehren gegen Kriegsergebenheit, Demagogie, Kontext-Verdammung, Doppelmoral, Fakes und Ratlosigkeit zähle ich zu meiner Verantwortung als Essayistin. Wie der Appell an das, was ich mir als Vernunft erarbeitet habe – auf einem Grat zwischen Demut und Entschiedenheit. Derweil werden die Mobilmacher auf ihrer großen Bühne immer beredter und austauschbarer.

Geistige Mobilmacher

Der Tag beginnt mit der Morgenandacht des Rundfunkbeauftragten der evangelischen Kirche Sachsen im DLF.[2] Er wendet sich direkt an die Soldaten der Bundeswehr. Natürlich ist seine Grundbotschaft: «Krieg soll um Gottes willen nicht sein.» Doch was ist Gottes Wille, um Krieg zu verhindern? Auf die Friedensbotschaft des Evangeliums durfte ich da nicht hoffen. In Erinnerung geblieben sind mir bleischwere Sätze, sicher aus dem friedensrhetorischen Zusammenhang gerissen: «sich rüsten, konkrete Kriegshandlungen abzuwehren oder durchzuführen – in Auslandseinsätzen, zum Glück nicht in unserem eigenen Land – Konflikte, die ohne Gewalt oder Gewaltandrohung nicht zu lösen sind – Krieg nur letztes Mittel – Waffen entwickelt, um abzuwehren, aber auch, um zu töten – Bundeswehr lebensgefährlicher Job – mit der Möglichkeit eines vorzeitigen Todes aussöhnen – wir leben oder sterben, fast klingt es gleichgültig – wir bleiben in Gottes Hand – immer – ob Soldatinnen oder Zivilisten – in der Ewigkeit bei Gott.»

Wo bleibt der Aufschrei der Seelsorger? Gibt es noch so etwas wie friedensbekennende Kirche? «Derjenige ist stärker, der die Situation erkennt, der an das Volk denkt, der den Mut der weißen Fahne hat». Äußerungen von Papst Franziskus wurden in der *taz*, die einst als Blatt der pazifistischen Grünen begann, als «päpstlicher Irrsinn» denunziert. Franziskus verrate das ukrainische Volk, das sei «menschenverachtend und politisch kurzsichtig». Die Forderung nach wertebasierter Kriegsführung macht auch vor dem Heiligen Stuhl nicht mehr Halt: Gerade wenn man sieht, dass es nicht gut läuft, müssen die ukrainischen Soldaten den Mut haben, weiter zu kämpfen, bis alles in Scherben liegt. Die Kriegshysterie nimmt totalitäre Züge an. Das Angebot von Waffenstillstand und Verhandlungen wäre zumindest ein dem Leben zugewandtes Risiko!

Am Nachmittag desselben Tages ergreift im DLF der Politikwissenschaftler das Wort.[3] Die Friedensbewegung tue so, als hätte Deutschland oder der Westen wesentliche Verantwortung für den Krieg in der Ukraine und in Gaza. «Das ist nicht der Fall.» Nachdem er uns so beherzt ins Boot der Guten geholt hat, erinnert er an eine alte Weisheit: «Man muss permanent in der Lage sein, den Krieg zu denken, um ihn verlässlich verhindern zu können. Das ist etwas, was in der Breite der Gesellschaft und in der Politikwissenschaft vergessen worden ist.»

Eine Gesellschaft, die permanent den Krieg denken können muss, kann einem nur leidtun. Was ist denn das für ein Leben? Ich will nicht einmal permanent den Frieden denken müssen. Ich will einfach ganz selbstverständlich friedlich mit allen nahen und fernen Nachbarn leben können. Krieg ist bekanntlich nichts als Drückebergerei vor den Aufgaben des Friedens.

«Wenn die Ukraine verliert, dann wird das heißen, Angriffskrieg ist möglich, verschieben von Grenzen mit militärischer Gewalt ist möglich», fährt er fort. Da hat die Politikwissenschaft offenbar noch mehr vergessen. Ist es doch erst 25 Jahre her, dass mitten in Europa mit deutscher Beteiligung Angriffskrieg und Verschieben von Grenzen mit Gewalt möglich waren. Das gilt bis heute als gute Tat. Ich komme auch darauf zurück.

Und dann hat der Wissenschaftler noch ein «Vernunftsurteil» parat, weshalb die Ukrainer für uns weiterkämpfen (und derart, wie der Herr Pfarrer gerade sagte, sich mit einem vorzeitigen Tod aussöhnen) sollen: Wenn sie verlören, kämen «fünf bis zehn Millionen Ukrainer als Migranten nach Westeuropa». Um solch fremdenfeindliche, spekulative Schreckensvision unwidersprochen im Äther verbreiten zu können, muss man wohl von einiger Prominenz geschützt sein. Sollen die im doppelten Sinn armen Ukrainer das Schlachtfeld weiter bedienen, um uns vor ihren Landsleuten zu schützen, die im Falle eines Kompromiss-Friedens Grund zum Weglaufen hätten?

Bleiben wir bei den Fakten. Seit der ukrainischen Unabhängigkeit 1991 ging die Zahl ihrer Einwohner um zehn Millionen zurück.[4] Die Unabhängigkeit hatte neue wirtschaftliche Abhängigkeiten mit sich gebracht. Als 2014 der demokratisch gewählte, russlandfreundliche Präsident weggeputscht und damit das vorteilhafte Handelsabkommen mit Russland gegen neokoloniale Vereinnahmung multinationaler Konzerne eingetauscht wurde, sank die Ukraine im Human Development Index auf den dramatischen Platz 74. Das bedeutete für viele blanke Armut. 2020, also vor dem russischen Überfall, lebten bereits 6,1 Millionen Ukrainer im Ausland, die meisten als Arbeitsmigranten.

Nach Kriegsbeginn kamen weitere Millionen hinzu. Laut Angaben des UN-Flüchtlingshilfswerks waren bis Oktober 2022 auch 2,8 Millionen nach Russland geflohen, dreimal so viele wie nach Deutschland. Aus allen Ländern sind Flüchtlinge aber zurückgegangen, sobald ihre Gegend sicher schien. Sehr wahrscheinlich wäre dies genauso, wenn in der Ukraine endlich ein Waffenstillstand und eine klare Friedensperspektive gegeben wäre. Wenn auch nur die Hälfte des Geldes, das jetzt von Russland und der Nato für Waffen in der Ukraine verschwendet wird, künftig für den Aufbau dieses geschundenen Landes zur Verfügung gestellt würde, könnte man dies sogar mit Sicherheit sagen. Das hat die Geschichte demonstriert, und es ist auch nachvollziehbar – die meisten Menschen fragen zuerst, wo sie unbedroht leben, sich einen bescheidenen Wohlstand aufbauen können und erst dann, wer dort regiert. Nur politische Machthaber glauben, ihr Schicksal sei auch für die Menschen im Lande die wichtigste Schicksalsfrage.

Sollen also möglichst viele Menschen nach dem absehbar für die Ukraine nicht mehr zu gewinnenden Krieg im Land bleiben wollen, wäre eine Fortsetzung des Abnutzungskrieges auch unter diesem Aspekt das Unvernünftigste. Zu gewinnen ist nur noch der Frieden. Und wie eine alte, von Henry Kissinger gern benutzte Weisheit besagt: Kompromisse sind dann am haltbarsten, wenn beide Seiten damit gleich unzufrieden sind.

Unter den geistigen Mobilmachern hat sich mir auch der Generalinspekteur der Bundeswehr eingeprägt: «In fünf bis acht Jahren könnte es möglich sein, dass Russland ein Nato-Land angreift – das sagte Boris Pistorius zuletzt.»[5] Erstmals seit Ende des Kalten Krieges werde uns ein möglicher Krieg von außen vorgegeben. Außer den zahlreichen Behauptungen sehe ich dafür allerdings bisher keinen einzigen Beweis. Doch der ranghöchste Soldat der Bundeswehr scheint endlich in seinem Element: «Weil ich Militär bin, sage ich: In fünf Jahren müssen wir kriegstüchtig sein.»

Das bedeute sehr viel mehr als Verteidigungsfähigkeit. (Selbst wenn das Grundgesetz nicht «sehr viel mehr» vorgesehen hat.) Es gehe «auch um den nötigen Mentalitätswechsel, dem wir uns unterziehen müssen.» Nämlich eine «Gedankenwende, sowohl in der Gesellschaft als auch vor allem in der Bundeswehr». Die gedankliche Gewöhnung an einen kommenden Krieg wird flächendeckend vorbereitet. Der in fünf Jahren vorausgesagte Krieg kann angeblich nur noch durch seine intensive Planung verhindert werden. Vernünftelnde Argumente?

In der Presse verkauft sich die Panikmache gut, kaum ein Journalist widerspricht. «Die Krankenhäuser in Mecklenburg-Vorpommern sollen ‹kriegstauglich› werden», lese ich im Urlaub in der *Ostseezeitung.* Der Gesundheitsminister hat eine Zeitenwende auch für die Medizin gefordert. Deutschland könnte «im Bündnisfall zur Drehscheibe bei der Versorgung von Verletzten und Verwundeten auch aus anderen Ländern werden».

Drehen jetzt alle durch? Baut man Teile unserer Kliniken nun fürsorglich in Lazarette um? Bisher wurde an allem gespart, was den Häusern kein Geld brachte. So an Infektionsschutz, an Hygienepersonal und Laboren. Laut RKI sterben jährlich mindestens 20 000 Patienten an Keimen, die sie sich auf Stationen eingefangen haben. In den Niederlanden zum Beispiel hat der Kampf gegen Krankenhauskeime einen ganz anderen Stellenwert, dort kennt man dieses Problem kaum. Sollten unsere Kliniken nicht erst mal hygienetauglich werden? Ist Friedenstüchtigkeit überhaupt noch eine lohnende gesellschaftliche Aufgabe?

Bedrohung Europas durch Russland?

Die gedankliche und die handfeste Aufrüstung muss von einem permanent wiederholten Bedrohungsszenario durch einen «Erbfeind» begleitet werden. Dass man sich mit der Angst-Propaganda nicht einmal Mühe gibt, sondern sie plump, irrational und unbewiesen daherkommen lässt, ist dabei offenbar zu vernachlässigen. Als seriös geltende Medien wie die *Neue Zürcher Zeitung* müssen nicht um ihren Ruf fürchten, wenn sie ohne Quellen behaupten: «Ein schneller Überraschungsstoss gegen die exponierten baltischen Staaten gilt in Nato-Planspielen als das wahrscheinliche Szenario eines russischen Angriffes.» Oder die Russen könnten «auf breiter Front gleich gegen Nordostpolen vorrücken».[6]

Nicht auszuschließen, dass die NZZ einen guten Draht zur Nato hat und man dort tatsächlich Steuergelder mit solchen «Spielen» verschleudert. Dann wäre allerdings einmal mehr an der Vernunft der Nato zu zweifeln.

(Warum so polemisch, wollte ich mich der Vernunft nicht mit Demut nähern? Nun, weil ich gerade einen Bericht der renommierten Brown University im US-Bundesstaat Rhode Island las, in der ich einst einen Vortrag halten durfte; weshalb ich sofort geneigt bin, es zu glauben, wenn es in der Studie heißt: Durch die Folgen von Kriegen der USA und ihrer Verbündeten sind in den letzten zwanzig Jahren 4,5 Millionen Menschen getötet worden. Als Essayistin ist es mir nicht nur erlaubt, sondern es ist mir geboten zu begründen, warum Wut vernünftig sein kann.)

Warum sollte die russische Armee, die seit Langem in einem Abnutzungskrieg festsitzt, in dem es den konventionell weit überlegenen Nato-Waffen inzwischen auf eigenem Territorium begegnet, danach noch das Bedürfnis haben, durch Überfall eines beliebigen Nato-Mitgliedes den Bündnisfall auszulösen? Weil es Putin immer wieder gesagt hat?

Da wir hierzulande vor dem Empfang von wörtlichen Äußerungen oder gar ganzen Reden Wladimir Putins wegen ihres blanken Propaganda-Gehalts beschützt werden, kann man uns viel erzählen. Aber dem jährlichen Bericht der amerikanischen Geheimdienste dürfen wir doch glauben. Danach sei der Kreml «mit ziemlicher Sicherheit nicht an einem direkten militärischen Konflikt mit den Streitkräften der USA und der Nato interessiert».[7] Wozu auch, Russland ist schon das bei Weitem größte Land der Welt und hat damit hinreichend zu tun. Für die Unterstellung, Putin wolle Großrussland wiedererrichten, ist man der Öffentlichkeit jeden belegbaren Beweis schuldig geblieben.

Unbestreitbar hat der russische Präsident eine Marotte für langatmige Schilderungen der großen Geschichte Russlands, unter der die Ukraine als künstliches Gebilde verblasst. Speziell die Schwarzmeerregion habe nicht den geringsten historischen Bezug zur Ukraine, sei in Sowjetzeiten zugeteilt worden, was erst nach dem Ende dieser Zeit zum Problem wurde. Man könne nicht zulassen, dass die Ukraine als feindliches Bollwerk an Russland Grenze aufgebaut wird. «Verständnis für russische Geschichte und Psychologie zählt nicht gerade zu den Stärken von US-Entscheidungsträgern. Der Westen muss verstehen, dass die Ukraine für Russland nie ein beliebiges, fremdes Land sein kann. Russlands Geschichte begann mit der Kiewer Rus. Von hier aus verbreitete sich die russische Religion. Die Ukraine war jahrhundertelang ein Bestandteil Russlands, und die Geschichte der Länder war schon vorher miteinander verknüpft. Einige der wichtigsten Schlachten um Russlands Freiheit – beginnend bei der Schlacht von Poltawa 1709 – wurden auf ukrainischem Boden geschlagen.»

Typischer Putin-Sound. Das Zitat stammt allerdings aus einem Aufsatz des US-Politikers Henry Kissinger mit der Überschrift «Eine Dämonisierung Putins ist keine Politik».[8]

«Wem soll ich denn sonst glauben»: Das Geschichtsbild unseres Verteidigungsministers

Zur Dämonisierung Präsident Putins hat unser SPD-Verteidigungsminister seit Beginn seiner Amtszeit erheblich beigetragen. Er versäumt kaum eine Gelegenheit, auf die Bedrohung durch Russland hinzuweisen. Bei einer Buchpremiere in der Berliner Urania hörte ich Boris Pistorius auf der Bühne warnen, Putin habe gesagt, er wolle nicht bei der Ukraine stehen bleiben. Deshalb müssten wir uns gegen ihn verteidigen. Nach der Veranstaltung nutzte ich die Gelegenheit, ihn nach der Quelle von Putins Drohung zu fragen. Er räumte (in Anwesenheit prominenter Journalisten) ein, die Quelle nicht zu kennen. Aber dafür habe er ja seine Geheimdienste. «Ach», fragte ich erstaunt, «und denen glauben Sie?» «Wem soll ich denn sonst glauben», scherzte er.

Putin habe mehrfach gesagt, er wolle die alten Grenzen der Sowjetunion für Russland wiederherstellen – Georgien, Moldau. «Er führt Angriffskrieg für Grenzverschiebungen», fährt Pistorius fort. «Wie die Nato in Jugoslawien», erwidere ich. «Da mussten wir eingreifen, um Völkermord zu verhindern», rechtfertigt er sich. «Das ist nun wirklich Unsinn», entfährt mir. «Der IGH hat auf die Frage …» «Wenn hier geleugnet wird, dass es sich um Völkermord handelte, dann bin ich aus dem Gespräch raus», fertigte er mich ab. Mit welchem Geschichtsbild von diesem vollkommen überflüssigen Angriffskrieg läuft unser aktueller Verteidigungsminister herum?

Sicher, die FAZ schrieb seinerzeit: «Nur einen legitimen Grund gibt es für die Bomben auf Jugoslawien: die Verhinderung eines Völkermordes.» Doch dass dies Propaganda war, bewies die noch während des Krieges veröffentlichte Anklageschrift des Haager Tribunals, die der Regierung unter Slobodan Milošević zum Ärger so mancher Politiker keinen Völkermord im Kosovo zur Last legte. Als Chefanklägerin Carla del Ponte von *Le Monde* gefragt wurde, warum dieser Anklagepunkt fehle, musste sie einräumen: «Weil es keine Beweise dafür gibt.»

Damit war die Legitimation des Angriffs schon Wochen vor Ende des Bombardements entfallen. Der damalige SPD-Verteidigungsminister Rudolf Scharping rechtfertigte den Krieg mit Lügen, so mit dem frei erfundenen Hufeisenplan zur systematischen Vertreibung der Kosovo-Albaner oder den gefälschten Fotos des Fußballstadions von Priština als angeblichem KZ. Die Medien hatten inzwischen von den gröbsten Falschdarstellungen abgelassen, wenn auch ohne weitere Entschuldigung. Aber in den Köpfen einiger Entscheidungsträger haben sich diese verhängnisvollen Rechtfertigungen offenbar bis heute verfangen.

Angriffskrieg gegen Jugoslawien als Blaupause für den Ukraine-Krieg

Der Nato war damals mit dem Untergang des kommunistischen Gegners ihre Daseinsberechtigung abhandengekommen. Was jetzt gerade recht kam, war eine Krise, die militärisches Eingreifen plausibel machte. Da bot das Konstrukt der *humanitären Intervention* in Gegenden, die man zuvor durch Waffenlieferungen und auch durch geheimdienstliche und finanzielle Unterstützung von Oppositionsgruppen kräftig aufgemischt hatte, neue Aufgaben. Dafür musste ein unerklärter Krieg gegen ein – traditionell mit Russland verbündetes – Land herhalten, das sich durch von außen geschürte Spannungen in einem Bürgerkrieg befand, der aber im Abklingen war.[9]

Die Ereignisse von Srebrenica lagen vier Jahre zurück. Nur die vom Westen, allen voran vom BND, finanzierte albanische Terror-Guerilla UÇK verstärkte ab Mitte 1998 ihre Angriffe auf Serbien. Die UÇK habe es darauf abgesehen, eine «humanitäre Katastrophe» zu erzeugen, welche die Nato zur Intervention bewegen würde, hieß es in dem von den Medien unterschlagenen Abschlussbericht der Parlamentarischen Versammlung der Nato.[10]

Nach 78 Tagen Bombardierung der letzten Überreste sozialistischen Erbes im militärisch hilflosen Serbien hatten etwa 1300 Zivilisten das Leben verloren. Andere Quellen gaben höhere Opferzahlen an. Alle bestätigten jedoch, dass die von der Nato zu verantworteten Opferzahlen um ein Vielfaches über denen lagen, die der vorangegangene Bürgerkrieg im Kosovo gekostet hatte, also der angebliche Völkermord. Um Völkermord zu verhindern, wurden über Serbien, einem Land ohne Luftabwehr, zehn Tonnen Geschosse mit abgereichertem Uran abgeworfen wie auch tausend Clusterbomben und Landminen. Zudem wurden 235 Fabriken zerstört, darunter gezielt Chemieanlagen, was bis hinein nach Bulgarien und Rumänien langwierige Umweltkatastrophen und Krankheiten auslöste. Mehrere Elektrizitätswerke und 61 Brücken wurden außer Funktion gesetzt, mehr als 50 000 Wohnungen wie auch Krankenhäuser, Schulen, Verwaltungen, Banken und Hotels schwer beschädigt. Von der chinesischen Botschaft blieb nur eine Ruine. Zuletzt hatte die Wehrmacht Belgrad in Schutt und Asche gelegt.

Durch gewaltsame Grenzverschiebung wurde der Kosovo abgetrennt. Gleich danach haben die USA dort einen ihrer größten Auslands-Militärstützpunkte aufgebaut. Mit Camp Bondsteel ist der Kosovo praktisch zum Nato-Protektorat geworden. Eine zeitgemäße Form von Annektion. Ein Mini-Land, wirtschaftlich nicht lebensfähig, das von den europäischen Steuerzahlern jährlich mit 100 Millionen Euro bezuschusst werden muss. Kein Wunder, das es nicht befriedet ist. Auch nach 25 Jahren müssen internationale KFOR-Truppen die Streitparteien auseinanderhalten. Das einseitige Engagement der Nato gegen den serbischen Nationalismus hat dem kaum anders gearteten albanischen Nationalismus zum Sieg verholfen und den albanischen Paramilitärs die Botschaft hinterlassen, dass Gewalt sich lohnt. Nein, Herr Pistorius, bitte lassen Sie davon ab, diesen Krieg zu rechtfertigen!

Beim damaligen Generalbundesanwalt Kay Nehm sind damals fünfzig Strafanzeigen verschiedenster Kläger gegen die deutsche Regierung wegen § 80 StGB eingegangen, Vorbereitung eines Angriffskrieges. Den Klägern wurde immerhin mitgeteilt, weshalb keine Straftat vorläge. Man dürfe das Strafgesetzbuch «nicht allein am militärisch verstandenen Begriff des Angriffskrieges» auslegen. Vielmehr käme es darauf an, ob das «friedliche Zusammenleben der Völker» gestört wurde. Die Nato-Verbündeten hätten lediglich die Unterdrückung und Vertreibung der Kosovo-Albaner beenden wollen. (Für die Millionen Menschen, deren Leben derzeit im Sudan gefährdet ist, fühlt sich niemand zuständig – kein Interessengebiet.)

Im Jahr 2002 legitimierte die neue National Security Strategy, auch Bush-Doktrin genannt, US-Präventivkriege und stellte damit die UN-Charta, also die Grundlage bisheriger Ordnung, infrage. Die Transatlantiker jubelten damals, dass die Menschenrechte sich gegenüber dem angeblich veralteten Völkerrecht durchgesetzt hätten. Vernunft wurde durch Moral ersetzt. Also Gesetze, Chartas, Verträge durch Empörung. Moral ist ein Gut, das bei Definitionshoheit immer auf der eigenen Seite ist. Jeder Krieg ist mit einer moralischen Begründung begonnen worden. Der Erhalt und die Ausweitung der US-Hegemonie habe nunmehr oberste Priorität, verkündete Präsidentenberater Paul Wolfowitz. Die unipolare Welt hatte ihren Höhepunkt erreicht.

Präventive Selbstverteidigung oder *humanitäre Intervention* gelten bis heute als völkerrechtliche Grauzone, als stark umstrittene Schwellenklauseln, die vom Strafrecht nicht erfasst sind. Doch keine einzige humanitäre Intervention hat Humanismus gebracht. Kein einziger Krieg gegen den Terror hat Demokratie und Freiheit bestärkt. Es waren vielmehr völkerrechtswidrige, ungesühnte Kriege.

Diese Rechtsprechung ist dem Kreml nicht verborgen geblieben, wie Äußerungen von Regierungssprechern zeigten. Der völkerrechtswidrige Angriffskrieg der Nato gegen Jugoslawien hat das Muster geliefert, mit dem der Kreml seinen Überfall auf die Ukraine begründete. Selbst begrifflich – was gegen Serbien harmlos klingende «Luftschläge» der «Operation Bündnismacht» waren, wurde da zur «Spezialoperation». In der Ostukraine habe es kein «friedliches Zusammenleben der Völker» gegeben, das gestört werden konnte, hieß es. Vielmehr seit zehn Jahren einen blutigen Bürgerkrieg zwischen der ukrainischen Armee, die von einer durch Staatsstreich auf dem Maidan an die Macht gekommenen, russlandfeindlichen Regierung befehligt wurde, und russischen Separatisten, die sich der neuen, sie schikanierenden Macht nicht beugen wollten. Die russischen Truppen hätten lediglich deren Unterdrückung und Tötung beenden wollen. Mit dem Nato-Angriffskrieg gegen Jugoslawien wurde die Büchse der Pandora geöffnet. Er lieferte die politische Blaupause für die Missachtung des Völkerrechts im russischen Angriffskrieg gegen die Ukraine.

US-Schattenkrieg oder russischer Imperialismus?
Über offensive und defensive Denkschulen

Besser das Leid des Friedens als das Grauen des Krieges.

Jitzchak Rabin

Wann beginnt der Anfang einer Geschichte? Weshalb konnte nach der friedlichen Selbstaufgabe des sowjetischen Weltimperiums dieser freiwillige Rückzug nicht als große Chance für eine nunmehr friedliche Koexistenz in Europa und auf allen anderen Kontinenten genutzt werden?

Spätestens hier wurde die historische Chance vertan, der Entspannungspolitik der deutschen Sozialdemokratie zu vertrauen. Immerhin war Willy Brandt für diese «neue Ostpolitik» einst mit dem Friedensnobelpreis ausgezeichnet worden. Genauso wie 1990 der sowjetische Präsident Michail Gorbatschow, der das Konzept eines gemeinsamen Hauses beigetragen hatte. Doch als es darauf ankam, fehlte der CDU-Regierung von Kanzler Kohl, seinen transatlantischen Verbündeten und anderen Westmächten die Weitsicht, erstmalig eine «europäische Friedensordnung» unter Einbeziehung postsowjetischer Staaten zu entwerfen, einschließlich Russlands.

Der Kapitalismus war übrig geblieben und konnte nicht aufhören, diesen Umstand als Sieg misszuverstehen. «Dieser Hang, sich zum Sieger zu erklären, ist eine alte westliche Hybris und seit jeher Grund für viele Demütigungen, die das ungleiche Verhältnis zum Osten prägen», beklagte die Grünen-Politikerin Antje Vollmer in ihrer vielbeachteten letzten Schrift «Was ich noch zu sagen hätte».[11] «Die Unfähigkeit, nach so umfassenden Umbrüchen andere, gleichberechtigte Lösungen zu suchen, hat in dieser fatalen Überheblichkeit ihre Hauptursache.» Mit verblüffender Ignoranz sei die große Vorleistung des Gewaltverzichts des Ostblocks als selbstverständlich eingeordnet worden. Weil man selbst ganz andere Strategien verfolgte, die durch zahlreiche Äußerungen von US-Politikern belegt sind.

Auch der prominente US-Ökonom Jeffrey Sachs hat darauf hingewiesen, wie bereits in dieser Zeit der Grundstein für den Weg in den Ukraine-Krieg gelegt wurde. Er beschreibt das Vorgehen der USA als Teil einer neokonservativen Strategie, die die amerikanische Hegemonie stärken will durch Schwächung der Russen. Schon in den 90er Jahren sei pro-europäischen Politikern in der Ukraine eingeflüstert worden, wie sicher und paradiesisch ein Beitritt ins Nato-Land sein würde. «Die Neocons wählten drei Methoden, um die Macht der USA auszudehnen und Einfluss in der Ukraine auszuüben: erstens Einmischung in die ukrainische Innenpolitik, zweitens Ausdehnung der Nato auf die Ukraine trotz der roten Linie Russlands und drittens Bewaffnung der Ukraine und die Anwendung von

Wirtschaftssanktionen, um Russland zu besiegen.»[12] Boris Johnson bestätigte das unlängst mit seiner Art von Klartext: «Falls die Ukraine fällt, wird das eine Katastrophe für den Westen sein; es wird das Ende der westlichen Hegemonie sein.»[13]

Das ist der eigentliche Grund, weshalb dieser Krieg geführt wird; sehr viele Länder dieser Welt wünschen sich das Ende dieser zynischen und oft brutalen Hegemonie. Sie hat Millionen Menschenleben gekostet und bedauernswerte *failed states* hinterlassen, die Genrationen brauchen werden, sich zu erholen. Das Ende der unipolaren Welt scheint zum Glück ein unumkehrbarer Prozess. Aber die USA mit der ihr hörigen Nato geben nicht so kampflos auf wie das sowjetische Imperium. Erst muss Russland mithilfe der Ukraine bekämpft werden, dann China.

Wie hätte ein unseren Wünschen entsprechendes Russland darauf reagieren sollen? Einfach geschehen lassen? Jeffrey Sachs erinnerte daran, dass Wladimir Putin am 14. Juni 2024 zum fünften Mal seit 2008 vorgeschlagen hat, mit den USA über Sicherheitsvereinbarungen zu verhandeln. «Viermal zuvor hatten die USA das Verhandlungsangebot zugunsten einer neokonservativen Strategie zur Schwächung oder Zerstückelung Russlands durch Krieg und verdeckte Operationen abgelehnt.»[14] Ich hätte mir dennoch gewünscht, dass Außenminister Lawrow mit dem Entwurf für ein Sicherheitsabkommen zwischen der RSFSR und den USA vom Dezember 2021 vor die UN-Vollversammlung getreten wäre. Selbst wenn ich die Durchsetzungskraft der UN damit überschätze – es wäre ein wichtiges Zeichen gewesen. Der Kreml hat sich für den Angriffskrieg entschieden.

Ein tiefer Riss durch die Welt

Seither sind die Haltungen gegenüber der russischen Politik (versimpelt immer auf Präsident Putin verengt) extrem kontrovers. Der tiefe Riss geht durch Kontinente und Regierungen, durch Lehrmeinungen, Freundeskreise und Familien, intern selbst durch die Nato. Der jahrelange Chef der Russland-Analyse der CIA, Berater von Vizepräsident Dick Cheney und heutige Direktor für Großstrategie am Quincy Institute for Responsible Statecraft, George Beebe, spricht von zwei Denkschulen: eine *offensive* und eine *defensive*. Derjenigen, die aus Illusionen erwacht ist und sich gegen den nie versiegten imperialen Großmachtcharakter Russlands durch Aufrüstung absichert, und derjenigen, die das alles für eine konstruierte Unterstellung hält und in Russland eher den verstoßenen Freier sieht. In seinem 2019 geschriebenen Buch «Die russische Falle. Wie unser Schattenkrieg mit Russland sich zu einer nuklearen Katastrophe steigern könnte»[15] wird als Hauptverantwortlicher der Westen klar benannt.

Dabei war die Falle offenbar nach beiden Seiten offen. Die USA hätten so lange Schattenkrieg geführt, bis der Kreml davon überzeugt zu sein schien, dass die USA Russland als Großmachtrivalen eliminieren wolle und entsprechend gehandelt habe. Und die Schattenkrieger mussten erkennen, dass sie überzogen haben und nun in einem Krieg stecken, den niemand gewinnen kann. Wie viel allseitige Unvernunft. Keine Falle rechtfertigt einen verbrecherischen Krieg. «Einer Katastrophe entgeht man nicht, indem man die andere Seite in die Ecke drängt», sagt Beebe im Oktober 2022.[16] Er plädiert dafür, keine Denkschule zu diffamieren, die Dinge mit den Augen des Konkurrenten zu sehen, sich aber mit den kontroversen Argumenten auseinanderzusetzen.

Das ist es, was ich anhand einiger Hauptthesen versuche. Dabei bekenne ich mich zu der in der Öffentlichkeit weitgehend gemiedenen defensiven Denkschule. Wobei sich das Defensive auf den Kriegsauslöser bezieht, nicht auf die verbrecherische Eigendynamik, die jeden Krieg erfasst. Für besondere Kriegsverbrechen gibt man sich dann gern gegenseitig die Schuld, die oft nie ganz geklärt wird. Deshalb bemühe ich mich nicht erst seit heute, den Anfängen zu wehren.

Nach den Maidan-Ereignissen gehörte ich im Mai 2014 zu den Initiatoren des Appells «Aus Sorge um den Frieden»[17], in dem es hieß: Lassen Sie nicht zu, dass der Kampf um die Ukraine zu einem Stellvertreterkrieg zwischen dem Westen und Russland eskaliert. Die Möglichkeit eines erneuten globalen Krieges könne nicht ausgeschlossen werden. Die zahlreichen Unterzeichner aus dem weiteren Umfeld der Friedensbewegung müssen sich den Schlaf ihrer Vernunft nicht vorwerfen. Es war alles abzusehen.

Allein der Umstand, dass der langjährige CIA-Mann zwei Jahre vor dem russischen Überfall auf die Ukraine vom US-Schattenkrieg spricht, der ursächlich für eine kommende

Katastrophe sein könnte, lässt keinen Zweifel, zu welcher Denkschule auch er sich bekennt. Zu diesem Schattenkrieg rechnet er neben der militärischen Einkreisung Russlands durch die Nato-Osterweiterung und die Stationierung des US-Aegis-Raketensystems an der polnischen und rumänischen Grenze – bei gleichzeitigem Aufkündigen existenzieller Rüstungskontrollverträge – vor allem die sogenannten Farbrevolutionen in den 2000er Jahren. Provozierend waren diesbezüglich besonders die US-Militärausbilder in Georgien.

Die defensive Denkschule ergänzend ließe sich Michael Hudson zitieren, der US-Finanzanalyst und Spiritus Rector der Occupy-Wall-Street-Bewegung: «Der Plan war, Russlands militärische Macht durch die Bewaffnung der Ukraine zu schwächen. Russland sollte in einen Kampf verwickelt werden, der einen Regime-Wechsel herbeiführen sollte … Wäre das der Fall, könnten sie Wladimir Putin durch einen Kandidaten ersetzen, der bereit ist, eine neoliberale USA-freundliche Politik zu verfolgen, wie es das Jelzin-Regime getan hatte. Das Gegenteil trat ein. Die russischen Wähler haben getan, was jede angegriffene Bevölkerung tun würde: Sie haben sich um Putin geschart.»[18]

Nach dem Maidan-Aufstand betrieben eingesetzte US-Marionetten wie Ministerpräsident Jazenjuk die politische und militärische Aufrüstung der Ukraine zum Quasi-Nato-Mitglied mit Manövern auf deren Territorium nahe der russischen Grenze. Als 2019 die Neutralität aus der ukrainischen Verfassung gestrichen und der gewünschte Nato-Beitritt als

Zusatz eingefügt wurde, ohne Befragung der Bevölkerung, waren laut Umfragen aus dieser Zeit rund 70 Prozent der Ukrainer dagegen.

Das heißt: Auch die Führung der Ukraine hat sich an diesem Schattenkrieg beteiligt, wohl wissend um die Sicherheitssorgen ihrer russischen Nachbarn. Oleksij Arestowytsch, Berater des Selenskyj-Büros, sagte damals: «Unser Preis für den Nato-Beitritt ist mit einer Wahrscheinlichkeit von 99,9 Prozent ein großer Krieg mit Russland.»[19] Dies geradezu herausfordernd hat die ukrainische Führung im November 2021 ein Abkommen zur strategischen Partnerschaft mit den USA unterschrieben, das eine Integration der Ukraine in die militärischen Führungsstrukturen der Nato beinhaltete. Präsident Selenskyj ist einst für sein Friedensversprechen mit großer Mehrheit gewählt worden. Ist er mit seinem so kompromiss- wie aussichtslosen Kriegskurs noch demokratisch legitimiert?

Der Kreml hat im Dezember 2021 wie erwähnt einen letzten Versuch gemacht, das Unheil abzuwenden. Er übersandte den USA einen Entwurf, kein Ultimatum, für ein beiderseitiges Sicherheitsabkommen, mit dem die Ukraine gut hätte leben können und der Nato einige Kompromisse abverlangt wurden. Der Entwurf sah vor, dass die Ukraine neutral bleibt, die Nato-Erweiterung beendet wird und die US-Raketen aus den seit 1997 beigetretenen Nato-Staaten entfernt werden. Nato-Generalsekretär Jens Stoltenberg kommentierte in einer Rede vor EU-Ausschüssen Putins Motive: «Das haben wir abgelehnt. *Also zog er in den Krieg, um die Nato an seinen Grenzen zu verhindern.* Doch er hat genau das Gegenteil erreicht.»[20]

Solch seltene Momente der Offenheit beweisen, dass natürlich auch die Nato weiß, wie nah das Defensiv-Narrativ der Wahrheit kommt. Der Kreml ist in den Krieg gezogen, um der Nato den Weg in die Ukraine zu versperren. Und das wird er vermutlich auch erreichen.

Angriffskrieg oder Präventivkrieg?

Schon Jahre vor dem Überfall Russlands ist die Öffentlichkeit von dem Offensiv-Narrativ geradezu verschüttet worden. Beebe verweist in seinem Buch von 2019 auf Stimmen aus den US-Geheimdiensten, wonach «wir uns bereits im Krieg mit Russland befinden» und zurückschlagen oder eine Niederlage erleiden müssen. Russlands Aggressionen müssten bestraft werden und Russland isoliert. So die in Georgien, auf der Krim, in Syrien bis zu seinen Cyberattacken.

Beebe räumt ein, dass Großmächte kaum je mit nur defensiven Mitteln zusammengehalten wurden. Russland habe durch Dominanz-Gebaren gegenüber den Nachbarstaaten zu Zeiten der Sowjetunion zu deren Wunsch beigetragen, Nato-Mitglied zu werden.

Das gilt auch für Georgien, wenngleich der Krieg zwischen Russland und Georgien seinen Anfang in dem Konflikt zwischen dem Land und den abtrünnigen Republiken Abchasien und Südossetien nahm, dessen lange Vorgeschichte hier zu weit führen würde. Jedenfalls sind die oben von den US-Geheimdiensten angesprochenen Aggressionen ausnahmslos erstens Folge der Zerfallsgeschichte der Sowjetunion und zweitens des Versuchs der Nato, gegen russische Interessen daraus geostrategische Vorteile für sich zu ziehen. Das gilt auch für die Krim, wo die russische Schwarzmeer-Flotte dem Zugriff der Nato durch Besetzung entzogen wurde.

In Syrien, um noch einen Vorwurf aufzugreifen, haben seit 2011 (von regionalen und lokalen Mächten abgesehen) vier Nato-Staaten – USA, Großbritannien, Frankreich, Türkei – sowie Israel bombardierend eingegriffen, die Terrorgruppen Daesh und al-Nusra-Front instrumentalisiert, um Regierungschef Assad zu stürzen. Am 11. September 2013 veröffentlichte die *New York Times* einen offenen Brief Putins an das amerikanische Volk. Gewalt hat sich als unwirksam und sinnlos erwiesen, hieß es darin. Es war ein geradezu flehender Appell, zum Weg zivilisierter politischer Vereinbarungen zurückzukommen. *Bevor* schließlich Assad Russland 2015 zu Hilfe rief, waren Hunderttausende Menschen gestorben und eine der größten Fluchtbewegungen der Geschichte ausgelöst worden. Jene US-Geheimdienste, auf die sich Beebe bezieht, hatten etliche Tausend Tonnen von Waffen und Streu-Munition für diverse Anti-Assad-Milizen in das Land gebracht.

Russlands kriegerisches Eingreifen soll dann nochmals 10 000 Tote gefordert haben, das vom IS besetzte Aleppo war zerstört, aber der Terrorismus eingedämmt. Letztlich war auch das schon ein unverantwortlicher Stellvertreterkrieg, den man in seiner Genese, seiner «Ratio» betrachten muss. Was im Übrigen durch die Geschichte von *Russia Gate* bis heute erschwert wird – jenem US-Fake um Putins angebliche Verschwörung mit Trump zur Einflussnahme auf den US-Wahlkampf 2016/2017, der bis heute zu der Annahme führt, dass Putins Geheimdienste mittels ihrer Bots-Armee omnipräsent und systematisch westliche Wahlen beeinflussen.

Am Ende ist für die beiden Denkschulen entscheidend, welches Motiv für die Handlungen bestimmend war. Um befürwortend ein Argument des Offensiv-Narrativs aufzugreifen: Natürlich ist es vollkommen gerechtfertigt, darauf zu bestehen, dass Politiker, die einen *Angriffskrieg* vom Zaun brechen, damit nicht durchkommen dürfen. Sie müssen geächtet, sanktioniert und im schlimmsten Fall nach UN-Charta auch militärisch in die Schranken gewiesen werden. Es muss aber klar zu beschreiben sein, ob es sich wirklich um einen reinen Angriffskrieg handelt oder um einen Angriff mit Elementen von *Präventivkrieg*, wie ihn, siehe oben, jede Seite als Entlastung für sich in Anspruch nimmt. Ab wann ist es legitim, gegen einen *Schattenkrieg* aus dem Schatten zu treten? Die heikle Trennlinie zwischen Rechtschaffenheit und Demagogie wird durch Doppelmoral unkenntlich. Die Guten dürfen angreifen, denn sie tun es ja fürs Gute. Heuchelei bringt jeden Balanceakt zum Absturz.

Deutsche Großmedien auf Nato-Linie wie nirgends sonst

In Europa und speziell in Deutschland hat sich geradezu flächendeckend die alte Mär vom aggressiven russischen Bären durchgesetzt, der ganz schnell vor unserer Haustür stehen kann. Putins angebliche Expansionspläne wurden gar mit denen von Hitler verglichen, weshalb sie rechtzeitig durch militärische Gegenmaßnahmen eingedämmt werden müssten. (In Deutschland ist das entlastende Bedürfnis, neue Hitlers auszumachen, besonders groß.) Wer weitere russische Kriegsgelüste auch nur bezweifelt, verbreitet Putin-Propaganda – ein inzwischen gängiges Verdikt bei Strafe der öffentlichen Ausgrenzung aus der Debatte.

Es gibt wohl keine Öffentlichkeit eines Landes, die sich bei diesem Thema stärker selbst gleichschaltet als die deutsche. In den USA sind Selbstdenker auch nicht gerade willkommen, finden aber doch noch eher Plattformen, sich zu äußern. Beebe verweist auf den bei uns nicht mehr zu hörenden «realistischen Gelehrten» John Mearsheimer, der betont, dass Russlands Agieren auf der Krim und in der Ostukraine «defensiv und nicht offensiv war, motiviert durch legitime Sicherheitsinteressen». Er werde nicht müde, dem Westen ans Herz zu legen, «den Plan zur Verwestlichung der Ukraine aufzugeben und sie stattdessen zu einem neutralen Puffer zwischen Nato und Russland» werden zu lassen.

Und Mearsheimer wiederum empfiehlt das neue Buch von Glenn Diesen, in dem er zu dem Fazit kommt: Das multipolare System, das sich jetzt bildet, hat das Potenzial, viel friedlicher zu sein als 500 Jahre westliche Hegemonie. Aber der Ukraine-Krieg, ein Erbe der US-Politik während der Unipolarität, hat die internationale Politik vergiftet und den Übergang zu einer harmonischen, westfälischen Friedensordnung erschwert. Eine Russland vom Westen beigebrachte Niederlage würde die unipolare Weltordnung wiederherstellen, während ein russischer Sieg eine multipolare festigen würde.[21] Könnte sich die unipolare Unvernunft in eine multipolare Vernunft verwandeln? Auch andere Buchautoren der defensiven Denkschule, wie Richard Sakwa[22] oder Ben M. Debney[23], werden hierzulande nicht wahrgenommen. Es heißt, das erste Opfer des Krieges ist die Wahrheit. Was für ein Euphemismus. Die Wahrheit wird im Vorkrieg geopfert, ja, dieses Opfer ist Voraussetzung des Krieges.

Bis heute gibt es keinen Beweis für Putin-Äußerungen zu imperialen Absichten Russlands. Deshalb erlaube ich mir, diese explosive Bedrohungskonstruktion als Vorkriegs-Fake zu verurteilen. Er erinnert mich an andere Fälschungen: Die nationalistische Bösartigkeit von Slobodan Milošević wurde stets mit seiner Rede auf dem Amselfeld im Kosovo im Juni 1989 begründet. Abschreckende Zitate kursierten in deutschen Zeitungen. Nach dem Krieg hat der Ermittler Greg Ehrlich eine US-Regierungsniederschrift dieser Rede veröffentlicht, die all jene Zitate als frei erfunden auswies. Die unverfälschte Rede klang recht vernünftig. Also bitte Originalton.

Man könnte in einer derart welthistorisch brisanten

Situation auch Präsident Putin direkt dazu hören. Diese Chance hatte offenbar nur der dubiose und rechtskonservative Ex-*Fox-News*-Moderator Tucker Carlson, der Putin am 9. Februar 2024 in einem über zweistündigen Interview immerhin sachlich befragt hat. Es ist auf YouTube zu sehen.

Einige markante Aussagen, verkürzt:

Carlson: Glauben Sie, die Nato fürchtet einen globalen Krieg oder gar einen Atomkrieg?

Putin: Sie versuchen, die Bevölkerung durch eine vermeintliche russische Bedrohung einzuschüchtern. Denkende Menschen verstehen, dass dies Fake ist. Lasst uns nicht in Kategorien denken, wer vor wem Angst hat.

Carlson: Sie sagen, er ist in die Ukraine einmarschiert und hat Ambitionen auf den ganzen Kontinent.

Putin: Völlig ausgeschlossen. Das steht im Widerspruch zum gesunden Menschenverstand. Das würde die gesamte Menschheit an den Rand des Untergangs bringen. Das sind nur Gruselgeschichten, um den amerikanischen und europäischen Steuerzahlern für Krieg Geld abzunehmen. Das Ziel ist es, Russland maximal zu schwächen. Warum müssen US-Soldaten in der Ukraine kämpfen? Die USA haben eigene Probleme – 33 Billionen Staatsverschuldung. Russland mit Respekt zu behandeln, ist vernünftiger. Nach 1991 hat Russland erwartet, in die Familie zivilisierter Völker aufgenommen zu werden. Wir haben gemerkt, dass wir dort nicht willkommen sind. Ihr habt uns getäuscht.

Carlson: Was war der Auslöser für die heutigen Ereignisse?

Putin: Die primäre Quelle des Ukraine-Konflikts war der

Staatsstreich auf dem Maidan. Die Ukraine hat 2014 den Krieg gegen Donbas begonnen. Wir haben ständig appelliert, das Minsk-Abkommen zu erfüllen. Wir haben den Krieg 2022 nicht begonnen, dies ist ein Versuch, ihn zu beenden.

Man könnte sagen, dass es unser Fehler war, Waffen einzusetzen, um den Krieg zu beenden. Aber wir haben seit 1991 immer wieder betont, dass die Ukraine ein unabhängiger, neutraler Staat bleiben soll. Wir haben uns nie geweigert zu verhandeln. Während die Ukrainer öffentlich gesagt haben, dass sie sich Boris Johnson gebeugt haben. Das ist traurig. Wir hätten den Krieg vor eineinhalb Jahren beenden können. Wir hatten den Prozess fast abgeschlossen, haben unsere Truppen abgezogen.

«Man könnte sagen, dass es unser Fehler war, Waffen einzusetzen, um den Krieg zu beenden.» Ein bemerkenswertes, immerhin halbes Schuldeingeständnis gegen Ende des Interviews, das völlig unterging.

Wladimir Putin hat nicht zum ersten Mal eine öffentliche Form von Selbstkritik gefunden. 2001, in seiner mit stehenden Ovationen gefeierten Rede vor dem Deutschen Bundestag, wagte er schon zu sagen: «Alle sind schuldig, vor allem wir Politiker.» Sie lebten noch in alten Wertesystemen und hätten noch nicht gelernt, sich zu vertrauen. Bevor das Vertrauen noch gelernt werden konnte, blies der Westen wie beschrieben zur «Gedankenwende».

Damals ging es darum, eine internationale Koalition gegen den Terrorismus zu bilden. Wenn sie gelänge, so der damalige Bundestagspräsident Wolfgang Thierse in Anwesenheit von Putin, könnte das eine «Zeitenwende» bedeuten.

Zeitenwende ins Fiasko

Politiker stellen sich gern als Augenzeuge oder gar Inspirator einer Zeitenwende dar. In solch historischem Glanze liegt es nahe, sein Licht unterm Scheffel hervorzuholen. Aber Vorsicht, dabei kann man sich auch die Finger verbrennen.

Drei Tage nach dem Einmarsch der russischen Armee in die Ukraine hat Kanzler Olaf Scholz in einer Regierungserklärung dieses Ereignis als eine Zeitenwende in der Geschichte des Kontinents ausgerufen. Das bedeute, die Welt danach ist nicht mehr dieselbe wie die Welt davor. Scholz bedient darin einen Teil der Klischees, die zu widerlegen ich mich gerade bemüht habe: «Im Kern geht es um die Frage, ob Macht das Recht brechen darf.»

Die Frage ist berechtigt, aber sie ist längst beantwortet. Die Macht darf es nicht, aber sie tut es ungestraft immer wieder. Gerade in diesem Punkt ist die Welt danach leider dieselbe wie die Welt davor. «Putin zertrümmert die europäische Sicherheitsordnung, wie sie seit der Schlussakte von Helsinki fast ein halbes Jahrhundert Bestand hatte.» Der Helsinki-Prozess begleitete die Entspannungspolitik, die ist aber seit der eigentlichen Zeitenwende, der von 1989, immer stärker zurückgedrängt worden. Mit dem schrittweisen Abrücken von fast allen Sicherheits-Verträgen mit Moskau und nach den beschriebenen aggressiven Provokationen kann schon seit 25 Jahren von «europäischer Sicherheitsordnung» keine Rede mehr sein. Die Behauptung, dass Putin «ein russisches Imperium errichten» wolle, fehlt schon in dieser Kanzlerrede nicht.

Aus seiner «Zeitenwende» leitete der Kanzler verschiedene Handlungsaufträge ab. Am vordringlichsten sei, die Ukraine in ihrem Kampf für Frieden und Demokratie mit Waffen zu beliefern. Geliefert wurden, Schritt um Schritt, Zaudern um Zaudern, immer schwerere Waffen, die immer mehr Opfer auf beiden Seiten kosten: Nur dem Frieden – dem nach dem Grundgesetz jegliches politische Handeln verpflichtet sein muss – ist man damit kein Stückchen nähergekommen. Und die Ukraine zum Hort der Demokratie zu stilisieren, gehört dabei fast schon zu den lässlichen Sünden. Dass Augusto Pinochet ihr persönliches Vorbild ist, sprechen neoliberale Politiker der ukrainischen Regierungspartei *Diener des Volkes* immer wieder offen aus.[24]

Ein weiterer Auftrag lautete, Putin vom Kriegskurs abzubringen. Dass ist zweifellos eine gute Idee, und es fällt einem sofort Diplomatie dazu ein. Aber Deutschland hielt es nicht für nötig, einen Friedensplan anzuregen. Und selbst die EU überließ dem ungarischen Ministerpräsidenten Viktor Orbán die Kür, dem Europäischen Rat einen Zehn-Punkte-Plan vorzulegen.[25] Olaf Scholz dagegen berichtete dem Parlament triumphierend, dass «ein Sanktionspaket von bisher unbekanntem Ausmaß» verabschiedet wurde. Die Abkopplung Russlands vom Swift-Zahlungssystem, der drastische Boykott aller Öl- und Gasimporte (nicht Putin hat den Gashahn zugedreht, wie immer behauptet wird, sondern wir und der Westen), Sanktionen gegen alle, die sich nicht am Abbruch so gut wie aller Russland-Kontakte in Handel, Sport, Kultur und Wissenschaft beteiligen.

Heute sagt der US-Ökonom James K. Galbraith: Russland wurde durch die Sanktionen «entkolonialisiert».[26] Viele einst importierte technische Zulieferungen stellt es nun selbst her, ist autonomer geworden. Es ist in Märkte vorgedrungen, die der Westen aufgegeben hat. Das Riesenreich ist heute eines der Länder mit der höchsten Wachstumsrate. Die Bedeutung des Dollars sei schwächer geworden, aber die USA profitieren nun von der Abhängigkeit Europas. Einem Kontinent, dem die Hände gebunden sind, der so gut wie keine eigenen Interessen mehr verfolgen kann. (Während die USA 2023 für über 1 Milliarde Dollar Uran aus Russland kauften.) Hauptopfer sei die deutsche Wirtschaft. Deutschland ist zum wirtschaftlichen Satellitenstaat der USA geworden.

Gleichzeitig versuchen die BRICS-Staaten, inzwischen fast die Hälfte der Weltbevölkerung, eine Alternative zu derartiger Abhängigkeit vom Westen zu entwickeln. Nach Angaben der World Bank hat ihr wirtschaftliches Leistungsvermögen das der westlichen G-7-Staaten bereits übertroffen.

Das alles wäre mit einem Mindestmaß an Vernunft voraussehbar gewesen. Aber unsere Strategen sind über die Verhaltensmuster zu Zeiten des Ersten Weltkrieges kaum hinausgekommen: Es gibt keinen Grund, für aggressive Aktionen des Gegners nach Ursachen zu suchen, man muss ihn bestrafen und isolieren, weil er angeblich «nur die Sprache der Gewalt versteht».

Die dritte Herausforderung, die der Kanzler in seiner

Rede formulierte, lautete: «Putins Krieg darf nicht auf andere Länder in Europa übergreifen.» Das wäre sehr zu unterstützen – allerdings scheint hier die Finesse durch, dass ein Stellvertreterkrieg bitte schön beim Stellvertreter zu bleiben habe.

Verteidigungsbellizismus, bis nichts Verteidigenswertes übrig ist?

Welche entsetzlichen Opfer seit dieser Rede das hehre Durchhalte-Ziel unter den ukrainischen Soldaten und Zivilisten fordert, wird nicht mehr in den Fokus gerückt. Die täglichen Bilder von weinenden Müttern und Kindern in den ersten Wochen sind in unseren Medien wie von Zauberhand verschwunden. Das Leid ist da, aber in dieser direkten Form nur noch in ausgewählten Geschichten präsent. Weil es anfangs Wut auf den Aggressor auslöste und heute den Befürwortern eines sofortigen Waffenstilstands emotionalen Auftrieb geben könnte? Eine zynische Betrachtungsweise vielleicht, aber auch eine abwegige?

Ein Angriff mit taktischen Atomwaffen rückt mit jeder Rakete auf russische Frühwarnsysteme näher. Der Kreml hat schon mit Attacken auf britische Militärziele gedroht, sollten deren Waffen russisches Gebiet angreifen. Doch alle von Russland benannten roten Linien werden als Säbelrasseln abgetan, das nicht ernst zu nehmen sei. Was für ein Leichtsinn!

Nach der Kuba-Krise von 1962 warnte John F. Kennedy, die Führer von Nuklearmächten dürften nicht in die Situation gebracht werden, «dass es nur noch die Wahl zwischen Demütigung und Atomkrieg» gebe. Das eigentliche Dilemma ist doch: Je erfolgreicher die Nato-Kriegsführung auf dem Boden der Ukraine und dem neuen Gefechtsfeld Russland wäre, desto wahrscheinlicher würde ein russischer Einsatz von Atomwaffen. Erfolg als sicherster Weg in den Untergang: Unter diesem Damoklesschwert kann man heute nur hoffen, dass jene Militärexperten recht behalten, die ein Vorrücken der Nato-gelenkten ukrainischen Truppen für ausgeschlossen halten und gerade deshalb auf Waffenstillstand und Diplomatie setzen.

Auch das mag aus anderer Perspektive unvernünftig, gar zynisch klingen. Selbstverständlich hat die angegriffene Ukraine das militärische und moralische Recht auf Selbstverteidigung. Doch das Völkerrecht sagt nichts zum Umfang dieses Rechts. Ist es grenzenlos? Nicht alles, was legal und legitim ist, ist auch sinnvoll. Wenn eine berechtigte Verteidigung unverhältnismäßig viele Opfer und Zerstörung kostet, dann macht sie keinen Sinn mehr. Dann muss man eher von «gesinnungsethischem Verteidigungsbellizismus» sprechen. Von einem Schlaf der Vernunft, der sich verheerend auswirkt. Zuallererst auf die Ukraine selbst, die bei einer Schuldenquote von fast 95 Prozent noch über Generationen von Selbstbestimmung nur träumen wird. Doch derzeit wird so getan, als sei die Souveränität der Ukraine die wichtigste Frage der Welt. So unterschlägt man, dass eine ganz andere

Frage wohl für immer an oberster Stelle steht: das Weiterbestehen der Menschheit als Gattung.

Die 100 Milliarden Euro Sondervermögen für Rüstung, praktische Konsequenz der Scholz'schen Zeitenwende, sind eine Investition in genau dieses Fiasko. So einen Batzen Geld, innerhalb von zwei Tagen unter Bruch der Verfassung in Aussicht gestellt, das gab es in der Tat noch nie. Welche angebliche Vernunft hat diesen Durchmarsch im Denken vollbracht? Wohl dieselbe, die die US-Führungsmacht Ende April 2024 nach monatelangem Zögern zur Bewilligung von weiteren 61 Milliarden Dollar Hilfe für die Ukraine bewogen hat.

Georg Beebe kommentiert diese Logik: «Wenn Washington absichtsvoll eine Formel zur Zerstörung der Ukraine entwerfen würde, könnte sie dem vom Kongress verabschiedeten Hilfspaket sehr ähnlich sein.»[27] Das Paket reiche bestenfalls für ein paar Monate Aufrechterhaltung der Hoffnung, dass die Front unter großen Opfern an Menschenleben und Infrastruktur gehalten werden kann. Es sei aber keinesfalls genug, um die russischen Streitkräfte zu besiegen. Denn von den 61 Milliarden gehen nur 14 Milliarden für Waffen an die Ukraine. Um die ukrainische Regierung finanziell über Wasser zu halten, werden 8 Milliarden eingesetzt. Ein Großteil wird laut Beebe dafür verwendet, den militärisch-industriellen Komplex der USA über Jahre aufzurüsten. Obwohl doch die Rüstungsausgaben der USA schon jetzt fast zehnmal höher sind als jene von Russland. Auch unsere «Sonderschulden» sind einzig der erstrebten «Kriegstüchtigkeit» unserer Armee vorbehalten.

Wenn schon neues Sonderunvermögen – wären Schulden für humanistische Dringlichkeiten nicht nötiger gewesen? Ich nehme das Fragezeichen zurück, selbstverständlich wären Investitionen für den Kampf gegen die Ungeheuer von heute dringlicher: in Klimaschutz, Schutz vor Seuchen und andere lebensbedrohliche Krankheiten, in Bildung, in die Aufklärung gegen neonazistisches Gedankengut, in Beseitigung von Fluchtursachen, von Hunger und Armut. Also Vorsicht vor einer Vernunft, die zwar merkt, dass die Zeiten sich wenden, aber nicht, in welche Richtung.

Wo kein Haben ist, da ist kein Sagen
Defizite kapitalistischer Demokratie

Was ist Vernunft? Der Wahnsinn aller. Was ist Wahnsinn? Die Vernunft des Einzelnen. Was nennt ihr Wahrheit? Die Täuschung, die Jahrhunderte alt geworden. Was Täuschung? Die Wahrheit, die nur eine Minute gelebt.

Baruch de Spinoza

Die Vernunftvariante als Wahnsinn aller ist wohl das, was dem gefühlten Geisteszustand dieser Welt im Moment am nächsten kommt. Spinozas Erwartungen an die Vernunft sind bescheidener als die des Aufklärers Kant. Während dieser davon ausgeht, dass der Verstand seine Gesetze nicht aus der Natur schöpft, sondern diese im Gegenteil der Natur vorschreibt, erklärt Spinoza das menschliche Denken, Fühlen und Handeln an die Natur gebunden. Vereinfacht gesagt, sei unser Vermögen zur Erkenntnis zwar «der bessere Teil in uns», aber nicht der einzige.

Die Vernunft ist begrenzt durch die Seele als Zubehör unserer Natur. Der Geist als Widersacher der Psyche. Die Vernunft des Unbewussten gehört zur biologischen Ausstattung des Menschen. Wir unterliegen einer Doppelbindung. Die Ratio muss nicht die stärkere sein. Dagegen stehen womöglich beständigere Prägungen: mehr oder minder ausgeprägte Zugehörigkeitsgefühle, sei es zu einer Region, einer Kultur, einem Glauben (bis hin zu einer Fußballmannschaft), Ideale (mit dem missbrauchten Begriff «Werte» tue ich mich schwer), Affekte, Empfindungen wie Stolz, Liebe, Hass, Feindbilder.

Deshalb wendet sich Propaganda weniger an den Verstand als an die Emotionen. Stehen hinter dem neuen Rechtsruck mächtige Interessen? Oder ist es umgekehrt so, dass allen demokratisch genannten Parteien und den sie tragenden Kreisen gerade etwas aus dem Ruder läuft, das ihren Interessen widerspricht, aber kaum noch unter Kontrolle zu bringen ist? So viel lässt sich sagen: Krieg ist ebenso eine Kapitulation vor Verstand wie das Abgleiten ins Totalitäre. Es war der von einflussreichen Kräften gestützte Faschismus, der zum Zweiten Weltkrieg geführt hat. Wann ist die Schmerzgrenze erreicht, nach der demokratisch Gewählte ins Totalitäre abgleiten? Spinozas Philosophie führt letztlich zu der immer noch unbeantworteten Frage, ob demokratische Staatsformen dauerhaft realisierbar sind. Wo ist die Notbremse? Könnte man den Moment, sie ziehen zu müssen, ein weiteres Mal verpassen?

Versuchen wir, uns dem Phänomen an einem lehrreichen Beispiel zu nähern. «Seht ihn hier reden von der Zeitenwende.» Die Aufforderung steht in Bertolt Brechts 1955 erstmalig erschienener «Kriegsfibel», diesen lyrischen Fotoepigrammen. Sie bezieht sich auf ein Foto von Reichskanzler Adolf Hitler während seiner berüchtigten Grundsatzrede vor Arbeitern der Borsig-Werke, der am 10. Dezember 1940 Tausende in der großen Werkhalle dieses Rüstungsbetriebes zujubelten. «Durch den Rundfunk ist er mit dem ganzen deutschen Volk verbunden – Sieg Heil!», sagt der Moderator. Dass der «Führer» vor einer Kulisse von Kanonen spricht, sieht das Volk nicht.

Hitler benutzt den Begriff Zeitenwende nicht, spricht von «staatlichem Umbruch», «ungeheuren Wandlungen» und «Wir haben das umgedreht». Doch Brechts Interpretation basiert auf der Begrifflichkeit der Zeit. Pünktlich zur Machtübernahme 1933 war ein vierhundertseitiger, mit Kunstblättern und Fotos aufwendig ausgestatteter Band erschienen, und sein Titel lautete: «Deutsche Zeitenwende – Vom Nationalismus zum Nationalsozialismus. Ein Buch aus lichter Höhe durch dunkle Nacht zu neuem Aufstieg». Ein Sammelsurium der Verdummung. Kriegsbegeisterung als Trost für das «leidende und verzweifelte Volk». Rasse als Wurzel aller Kultur, Judentum und Marxismus als Grundübel, die es zu vernichten gelte. Damit man wieder sagen könne: «Deutschland, mein Stolz.» Die damalige Vorzugsausgabe in rotem Ganzleder ist heute für 600 Euro zu erwerben. Allein dieser Marktwert deutet darauf hin, dass sich all das nicht erledigt hat.

Suchen wir Glieder in der Kette der Bedingtheiten, so ist das kein direkter Bezug, auch kein sprachlicher Vergleich, schon gar keine Gleichsetzung. (Man wird es dennoch behaupten und infam nennen.) Erleichtert das Ausrufen von Zeitenwenden den Mächtigen, ihre Absichten durchzusetzen? Davor, sich anmaßend ins grelle Scheinwerferlicht von «Zeitenwenden» zu setzen, kann man Politiker nur warnen. Bisher haben sich damit noch alle verhoben, so konträr ihre Absichten auch gewesen sein mögen.

Hitler-Reden fand ich bis unlängst nicht im Netz. Erschrocken wundere ich mich, überrascht zu sein.

«Meine deutschen Volksgenossen und Genossinnen ... Kampf zweier Welten ... Kluft zwischen Arm und Reich überbrücken ... wenn nötig, mit Gewalt ... besser durch Vernunft ... in diesen Ländern regiert das Kapital ... sagen Freiheit und meinen freie Wirtschaft ... das Volk an sich hat gar keine Überzeugung, erhält sie vorgesetzt ... entscheidend, wer bildet ein Volk ... Freiheit der Presse? ... Presse ist unterwürfige Kanaille ihrer Besitzer ... moduliert öffentliche Meinung ... die eines und desselben auserwählten Volkes ... sogenannte Demokratie rückt nicht Volk in Mittelpunkt ... paar Hundert Kapitalisten, Besitzer von Aktien und Werken ... breite Masse interessiert sie nicht ... nur in der Wahlzeit ... Welt der kapitalistischen Demokratie: Das Volk ist für die Wirtschaft da, die Wirtschaft ist für das Kapital da ... wir haben das umgedreht ... wenn Freiheit auf Kosten der Gemeinschaft, beseitigen wir sie (großer Beifall) ... Möglichkeit dieser Leute, aus ihrer Rüstungsindustrie 160 Prozent Dividende einzustreichen ... greift der NS-Staat ein ... kein Abgeordneter darf Aufsichtsrat sein oder unbezahlt ... ganz andere Wirtschaftsauffassung ... fester Wille, Sozialstaat aufzubauen ... Teil in Kriegsproduktion umstellen, um deutsche Zukunft erfolgreich ... staatlicher Durchbruch auch in Wehrmacht ... bestimmt ohne Zweifel Volk Richtlinien seiner Führung ... unser Weltherrschaftsanspruch ... hier

Kinder des Volkes, dort Söhne der Geldaristokratie – eine der beiden Welten muss zerbrechen ... Stunde kommt, in der Vernunft siegt ... ein Wort überhaupt nicht in unserem Lexikon: Kapitulation (Jubel) ... dann Welt zeigen, wer der Herr ist (großer Jubel).»

Dazu Brechts Epigramm: Seht ihn hier reden von der Zeitenwende. / 's ist Sozialismus, was er euch verspricht. / Doch hinter ihm, seht Werke eurer Hände: / Große Kanonen, stumm auf euch gericht.

Der Sozialismus war den führenden Nazis nie mehr als ein gefakter Lockruf. Sie haben ihre Macht nach der großen Krise des Kapitalismus vor hundert Jahren auf die wesentlichen Teile des «Geldadels» gestützt und von Anfang an mit ihm paktiert. Dieser hatte nichts zu befürchten, sondern nahm im Gegenteil die NSDAP als Schutzschild gegenüber den revolutionären Gewerkschaftlern, den Kommunisten und Sozialisten. Konkurrenten wurden aus dem Weg geschafft, denn systematisch enteignet wurden nur die jüdischen Unternehmer und Gewerbetreibenden. Nach Hitlers Machtergreifung ermahnen SPD und Gewerkschaften zu Besonnenheit und Disziplin und nahmen so dem Aufruf der KPD vom 30. Januar 1933 zum Generalstreik den Wind aus den Segeln.

Schon sechs Wochen später begannen die ersten öffentlichen Bücherverbrennungen, die als propagandistisch inszenierte Autodafés acht Monate lang in hundert Städten weitergeführt wurden. Nach landesweiten, blutigen Terroranschlägen gegen Gewerkschafter besetzten Rollkommandos der SA und SS nach dem 1. Mai 1933 die Gewerkschaftshäuser, konfiszierten das Eigentum und zerschlugen die freien Gewerkschaften mit ihren immerhin mehreren Millionen Mitgliedern. So begann des Führers Sozialismus.

Wenn der Falsche etwas Richtiges sagt

Was macht die dämonische Wirkung von Hitlers Rede aus, in der permanent von Vernunft die Rede ist? Seine in Nationalismus und Antisemitismus verpackte Kapitalismus-Kritik? Propaganda ist nicht nur, etwas Falsches zu verbreiten. Propaganda ist auch, etwas partiell Richtiges zu sagen, aber nie und nimmer die Absicht zu haben, sich selbst danach zu richten. Wenn also der Falsche etwas Richtiges gesagt hat, wäre der nächste Fehler, dieses Richtige zu tabuisieren, gar zu verdammen, statt offensiv auf den toxischen Kontext zu verweisen. Es wäre absurd, sich durch den Gegner den Wahrheitsbegriff auf das beschränken zu lassen, was dieser ansonsten feindlich Gesonnene nicht ausspricht. Fast keine Demagogie könnte sich im Bewusstsein verhaken, wenn sie nicht Spuren der Wahrnehmungen enthielte, die die Menge in sich trägt. Die auch von Hitler angesprochene «Kluft zwischen Arm und Reich» soll heute in Frankreich wieder so groß sein wie zu Zeiten der Französischen Revolution. In Deutschland nicht minder, nur dass Revolutionen hier rarer sind. Doch wer weiß: Die Boston Consulting Group meldete im Juli 2024, dass die Zahl derjenigen, die über 100 Millionen

Dollar besitzen, um 10 Prozent gestiegen ist, auf 3300 Superreiche. Rechnet man diese Vermögenden auf die Zahl der Bevölkerung um, liegt Deutschland nach den USA auf dem zweiten Reichtumsplatz. Dazu passt, dass fast jeder fünfte Beschäftigte im Niedriglohnsektor arbeitet. Wozu hatten wir doch gleich eine sozialdemokratisch geführte Regierung?

Der in der NS-Zeit missbrauchte Begriff «Sozialstaat» ist heute allseits anerkannt, gar mit verfassungsrechtlicher Ewigkeitsgarantie. Bei der AfD gilt dieses Ziel nicht für alle – wenn überhaupt. Die ursprüngliche Westprofessoren-Partei, die sich längst den ausgegrenzten Wutbürgern im Osten anbiedert, hat den kleinen Leuten wirtschaftlich rein gar nichts zu bieten. Aber das ist für die Prekarier offensichtlich kein Grund, sie nicht zu wählen. Die zu brüskieren, welche die AfD-Wähler für ihren Zorn verantwortlich machen, bringt Genugtuung und das Gefühl von Handlungsfähigkeit. Sich die zu verschaffen, ist ihr gutes Recht. Aber sich selbst und allen anderen derart viel vergifteten Beifang zuzumuten, ist mehr als kurzsichtig. Und nicht zu tolerieren.

In den Wahlerfolgen der rechten Parteien verkörpert sich, wogegen Politikwissenschaftler seit Jahren Einspruch erheben, ohne dass Konsequenzen gezogen wurden: Unsere vielgerühmte Werteordnung erreicht immer mehr Menschen nicht, denn sie ist zu einer «Fassaden-Demokratie» verkommen (Julian Nida-Rümelin, Jürgen Habermas, Peter Bofinger, Wolfgang Streeck), zu einer «Schwundstufe der Demokratie» (Claus Offe), einer «Postdemokratie» (Colin Crouch), einer «Elitendemokratie» (Rainer Mausfeld). In den USA hört man von «gelenkter Demokratie» (Sheldon S. Wolin) oder aus dem *inner circle* gar von einer «Oligarchie», mit einer «unbegrenzten politischen Bestechlichkeit» (Jimmy Carter)[28], also von einer Demokratiefarce (Bernie Sanders). Was jetzt erodiert, ist nicht *die* Demokratie, sondern *diese* Scheindemokratie. Das könnte auch eine Chance sein, doch viel wahrscheinlicher ist, dass der Schlaf der Vernunft etwas Totalitäres gebiert.

Behindernde Demokratie nimmt Menschen das Selbstwertgefühl

Kapitalismus ist nicht demokratisch, Demokratie nicht kapitalistisch.[29] Es gab bessere Zeiten, als soziale Marktwirtschaft und Entspannungspolitik die westliche Antwort auf die Systemkonkurrenz waren. Doch seit deren Ende herrscht wieder marktkonforme oder eben «kapitalistische Demokratie». Und ich werde nicht aufhören, eine Klassen-Ordnung so zu nennen, in der von der Höhe des Einkommens und des Besitztums politischer Einfluss abhängt, in der Eigentumsrechte Menschen privilegieren, Entscheidungen autonomer zu treffen, in der Bildungschancen erblich sind, Lohnarbeiter diszipliniert werden und formale Gleichheit bedeutet, dass jeder dasselbe Recht hat, eine Zeitung zu gründen oder unter einer Brücke zu schlafen. Wo kein Haben ist, da ist kein Sagen, so Ludwig Erhard.

Diese Art von behindernder Demokratie nimmt Menschen ihr Selbstwertgefühl. Wer nicht wahrgenommen wird, ist ein Nichts. Ausgrenzungsdemokratie hat immer dazu geführt, dass Faschisten ihre Anhänger bei denen fanden, die sie entrechten, verarmen und schließlich verheizen lassen wollen. Sie hatten ihnen nichts zu bieten, außer eine Zeit lang wahrgenommen zu werden. Wer mit der AfD marschiert oder votiert, wird wahrgenommen. Der Rechtsruck erwächst aus Defiziten kapitalistischer Demokratie, eine Ordnung, die man jetzt verteidigen soll. In der Menschen mit Abstiegsängsten oder bereits Abgestiegene glauben, nur nach unten tretend wieder aufsteigen zu können. Noch ehe sich der Verdacht auf eigenes Versagen einschleichen könnte, müssen Sündenböcke ausgemacht werden, auf die sich alle Schuld projizieren lässt. Die Auseinandersetzungen ums Asyl wären nicht so emotional, wenn die einheimischen Abgehängten gelassener in die Zukunft blicken könnten.

Deshalb will ich weiter bei den psychischen Komponenten nach Antworten suchen. Der Nationalsozialismus versprach etwas zu bieten, worauf man stolz sein könne, nämlich auf Deutschland. Bevor es so weit sein würde, sollte man schon stolz sein, der eigenen Schwäche in der Zugehörigkeit zu einer starken (Schläger-)Truppe aufzuhelfen. «Wenn ich schon nicht geliebt werde, will ich wenigstens gehasst werden», erklärte mir einmal ein schmächtiger Skinhead. Psychoanalytiker sagen: Hass will uns etwas mitteilen, über Verletzungen. Wir müssen lernen, die Botschaft zu verstehen, um, statt zurückzuhassen, daran zu arbeiten, die Wunden zu heilen und die Leerstellen mit Selbstachtung zu füllen.

Kann man Hass verlernen?

In ihrem schon erwähnten letzten Essay hat Antje Vollmer uns beschworen, Hass und Krieg zu verlernen. Krieg verlernen – eine Sehnsucht aus alttestamentarischen Zeiten, vom Schlaf der Vernunft nicht auf ewig zu betäuben. Aber Hass verlernen – ist das möglich? Und ist es, so generell gesagt, überhaupt wünschenswert? Gibt es nicht neben dem kolossales Unheil stiftenden auch einen moralisch berechtigten Hass? Einen «heiligen Zorn», der in der Bibel immer wieder eingreift? «Die ihr den Herrn liebet, hasset das Arge!», heißt es in einem Psalm. Und bei Amos recht schwarz-weiß: «Hasset das Böse und liebet das Gute.» Erlauben oder erwarten gar die Religionsgelehrten, das zu hassen, was auch der jeweilige Gott hasst? Und machen so von Auslegungen abhängig?

Gehört also zum Kriegverlernen, dass man ihn hasst? Es macht mich traurig, dass ich die Gelegenheit versäumt habe, mit Antje darüber zu streiten. Nach der Veröffentlichung ihres so eindrücklichen Vermächtnisses gab es andere Prioritäten. Noch einmal hatte sie die «Gruppe Neubeginn» in ihre Berliner Wohnung geladen. Bestürzt vernahmen wir ihre sehr sachliche und jede Sentimentalität vermeidende Mitteilung, dies sei nun unsere letzte Begegnung, sie sei «austherapiert», verlasse Berlin, um die letzten Wochen mit der Familie ihres Sohnes zu verbringen. Bei der letzten Gelegenheit, sie allein zu sprechen, bat ich, eine indiskrete Frage stellen zu dürfen. Ob bei ihrer gefassten Haltung, für das Kommende bereit zu sein, der Glaube helfe. Sie zögerte nicht: Der Glaube nicht, aber das Spirituelle, das Transzendentale – ja, das schon.

Wenn ich mich in dieser Sphäre besser auskennen würde, hätte ich vielleicht nicht das Problem mit der Ambivalenz von Hass. Es begleitet mich seit meiner Oberschulzeit, in der mich die Lektüre «Die große Reise», der autobiografische Roman von Jorge Semprún über Spuren des Humanen selbst im Grauen seines KZ-Aufenthalts, dieses ganze führende Nazipack von Herzen hassen lehrte. Es mag zur selben Zeit gewesen sein, als ich von der Marx-Tochter Eleanor über ihren Vater las, dass er, der ein solcher Kämpfer für eine bessere Gesellschaft war, «so bitter hassen konnte, nur weil er einer so innigen Liebe fähig war».

Hass ist nicht unbedingt das Gegenteil von Liebe. Das wird wohl eher Gleichgültigkeit sein. Zwischen Hass und Liebe scheint ein gewisser Bund zu bestehen. Eine wissenschaftliche Definition fehlt, aber beide werden als die stärksten Gefühle beschrieben, die ein Mensch überhaupt empfinden kann. Mit archaischer Kraft, die oft mit Vernunft nicht mehr zu messen ist. Weshalb das eine nicht selten in das andere umschlägt. Verteufelung und Vergötterung – eine Affinität zum Religiösen ist unverkennbar. Die Psychoanalyse warnt vor Gefühlsverleugnung. Vielmehr müsse einem beigebracht werden, das vergiftende Gefühl nicht auf Sündenböcke zu übertragen, sondern früh prägende Ursachen zu erkennen. In diesem Sinne Hass verlernen?

Dazu hat die Kunst von Anfang an beigetragen, allerdings

nicht unumstritten. Als ich nach der Wende in den PEN gewählt wurde, hatte ich dessen Charta zu unterschreiben. Viele hehre Ziele, aber in besagter Frage doch irritierend. «Mitglieder des PEN verpflichten sich, mit äußerster Kraft für die Bekämpfung jedweder Form von Hass ... zu wirken.» Jedweder Form? Und gilt die oft einfühlsame Beschreibung von Hass, die die gesamte Literaturgeschichte durchzieht, als «Bekämpfung»?

Ich dachte an die griechische Mythologie, die Ilias, Achill hasst Hektor, oder an Medea, deren Liebe zu Jason nach dessen Verrat in blutigen Hass umschlägt. In den Nibelungen hasst Kriemhild den Verräter Hagen. Und die Märchen? Die böse Stiefmutter vergiftet Schneewittchen aus Hass. Haben die Grimms ihn durch die Auferstehung Schneewittchens hinreichend bekämpft? In großem Sprung zu dem Dichter der 1848er Revolution, Georg Herwegh, mit seinem Lied vom Hasse: «Und wo es noch Tyrannen gibt, / Die laß uns keck erfassen; / Wir haben lang genug geliebt, / Und wollen endlich hassen!»

Da erübrigt es sich, an Shakespeare zu erinnern, an Baudelaire und Celan. Oder an seine Cousine Selma Merbaum und ihr Gedicht «Ich möchte leben»: «... möchte kämpfen und lieben und hassen / und möchte den Himmel mit Händen fassen / und möchte frei sein und atmen und schrein / Ich will nicht sterben. Nein!»

Sie, die lieben und hassen in einem Atemzug nannte, starb achtzehnjährig im Zwangsarbeitslager Michailowka. Dass Liebe und Hass auf der Gefühlsskala ganz dicht beieinanderliegen, zieht sich unangefochten bis in die Gegenwartsliteratur – genannt seien nur Jellinek oder Houellebecq.

Damals sagte ich auf der PEN-Versammlung, dass ich mich schwertäte, mich auf eine so unpräzise, missverständliche Formulierung verpflichten zu lassen. Zu meiner Erleichterung erwiderte der damalige Ehrenpräsident des Ost-PEN und Vizepräsident des internationalen PEN, Stephan Hermlin, meine Bedenken seien durchaus nachvollziehbar, aber es sei vollkommen ausgeschlossen, eine Veränderung der international gültigen Charta zu erreichen. Das war auch nie meine Absicht, ich zögerte nur, Mitglied zu werden.

«Berlin hasst die AfD», lese ich auf einem Transparent in einer gut meinenden Menschenkette vor dem Reichstag. Mit gleicher Münze heimzahlen? Auge um Auge, Gefühl um Gefühl? Wenn ich da als PEN-Mitglied des Weges komme, müsste ich nicht eingreifen, mit meiner Verpflichtung, jedwede Form von Hass zu bekämpfen? Der Begriff Hass hat inzwischen, nicht zuletzt durch die unsozialen Medien, eine geistesgeschichtliche Entwicklung genommen. Er bleibt zwar unbestimmt, steht aber in erster Linie für die aktive, existenzielle Verletzung des Gegenübers, für Hassrede, die oft nicht bei Rhetorik haltmacht. Er hat die Ambivalenz weitgehend verlassen und erweist sich in der Aufstachelung zu Gewalttaten gegenüber Andersdenkenden, Anderslebenden und Andersaussehenden. Die massenhafte Tötung der Gehassten ist erneut kein Tabu mehr.

Im Vorwurf des Rassismus überlebt der Rassegedanke

Wir sind dazu verdammt, uns zu vertragen

Wenn ich mich im Folgenden einer besonders niederträchtigen Form des Hasses – und einer Quelle des Rechtsextremismus – zuwende, dem Antisemitismus, so in der Sorge, dass gerade hier ein unpräziser, untauglicher Begriff von den eigentlichen Ursachen ablenkt und so die Bekämpfung erschwert.

Das mittelalterliche Pogrom der Hamas gegen friedlich feiernde, meist palästinenserfreundliche Israelis und die sich durch den Rachefeldzug in Gaza in vielen Ländern wie Schallwellen ausbreitenden Feindseligkeiten gegen Juden haben eine Debatte über Antisemitismus ausgelöst, die mehr Fragen aufwirft als beantwortet. Wenn all die weltweiten Proteste und Appelle gegen Fremdenfeindlichkeit und Hass den Radikalismus seither hier wie dort nur verschlimmert haben, wenn Präventionsprogramme genauso erfolglos waren wie staatliche Antisemitismus-Beauftragte oder harte Gerichtsurteile, sind wir offenbar auf einem falschen Pfad. Deshalb eine Überlegung, tastend, unsicher, wie alles derzeit.

Das zionistische Versprechen von einem Juden sicher beschützenden Israel ist zerplatzt, oft auch normales Alltagsleben in jüdischen Einrichtungen weltweit. Selbst einst nach

Südafrika ausgewanderte und wegen der dortigen Apartheid später in England hängen gebliebene Verwandte sagen mir jetzt im Zoom-Gespräch: Schon vor dem Anschlag fürchtete die Hälfte der britischen Juden, keine Zukunft in diesem Land zu haben. «Bisher trösteten wir uns, dann gehen wir eben zur Mischpoche nach Haifa.» Doch der Ausweg ins gelobte Land ist für lange Zeit, wenn nicht für immer verschlossen.

Diese Traurigkeit wird auch durch die grell ins Bewusstsein zurückgeholte Gewissheit genährt, dass der ungelöste Nahostkonflikt immer noch eine Folge des deutschen Faschismus ist. Er gehört zu der Vergangenheit, die nicht vergeht. Der industrielle Völkermord an den Juden war pervertierter Rassismus. Das kann man nicht «wiedergutmachen».

Wer lange verfolgt wird, wird schuldig, sagt Camus. Verfolgt wurde wohl kein Volk öfter, opferreicher, bestialischer als die Juden. Nach der Shoah war die mit knapper Mehrheit zustande gekommene Geste der UN, sie in Palästina willkommen zu heißen, folgerichtig. Doch sie waren nicht willkommen. Stattdessen Bürgerkrieg mit den Bewohnern der Region, Überfall arabischer Länder und die von den jüdischen Einwanderern betriebene Vertreibung der Palästinenser. All das verbaute eine einvernehmliche Zukunft. Über die Nakba erfährt man in israelischen Schulbüchern eher nichts. In den Schulbüchern der arabischen Welt wiederum wird der Holocaust weitgehend ausgespart. Wie will man Empathie füreinander entwickeln, wenn die Leidensgeschichte des Nachbarn unbekannt ist?

Jeder weiß heute, was Antisemitismus ist, aber niemand, was Semitismus

Was für eine Schande, wenn sich achtzig Jahre nach der Shoah Juden alten Vorurteilen und neuem Hass ausgesetzt sehen! Die allemal gebotene Wachsamkeit sollte allerdings auch für die inflationäre Zuordnung von Antisemitismus gelten, sobald kritisches Ursache-Wirkung-Denken gegenüber Politik, auch der israelischen, artikuliert wird. Als Bruno Kreisky, der einzige jüdische Politiker im deutschsprachigen Raum, der es je an die Regierungsspitze geschafft hat, gefragt wurde, weshalb er eine besonders kritische Haltung zu Israel habe, antwortete er sinngemäß, man könne seinen besten Freunden nur durch offene Kritik ihrer Fehler helfen. Das heißt: Wer die Art der Kriegsführung in Gaza nicht entschieden kritisiert, ist mit Israel nicht solidarisch.

Wenn Ablehnern von Maßnahmen israelischer Politiker reflexartig rassistische Motive unterstellt werden, wird rationale Verständigung verunmöglicht. Im Vorwurf des Rassismus überlebt der Rassegedanke. Heute weiß jeder, was Antisemitismus ist, aber niemand, was Semitismus. Denn auch dieser Begriff ist fremdenfeindlich bis rassistisch aufgeladen. Es macht also wenig Sinn, ihn als Bezugspunkt für sein Anti zu nehmen.

Das war nicht immer so. Ursprünglich kam Semitismus aus der Sprachwissenschaft, so wie Anglizismus. Er bezeichnet ganz neutral Ausdrucksweisen in Hebräisch, Arabisch und Aramäisch. Später wurde auch die Gesamtheit orientalischer Kultur so definiert. Araber sind also genauso Semiten wie Juden.

«Man kann nur definieren, was keine Geschichte hat», behauptete einst Friedrich Nietzsche gewohnt überspitzt. Aber in der Tat sind sämtliche heutige Antisemitismus-Definitionen unbefriedigend. Sie arbeiten wiederum mit nicht definierten Begriffen, mit *may be*, der Hass gegenüber Juden wird auch auf «jüdische Einrichtungen» ausgeweitet (kann man Einrichtungen hassen?) und schließlich auf Nichtjuden, wenn diese «jüdische Interessen» unterstützen. Hier schrammt man haarscharf an Verschwörungstheorien vorbei. Der Bedeutungsinhalt wird derart überdehnt, dass sein Sinn zerplatzt. Was für eine Selbsttäuschung, einem derart komplexen Phänomen mit einer Definition gerecht werden zu können.

Antijudaismus – diese rein religiöse Feindseligkeit – war einst begründet mit der Abwendung des entstehenden Christentums vom Alten Testament, dem Zoff um Messias. Die Verbiegung hin zur Rassentheorie besorgte erst 1800 Jahre später der französische Diplomat Arthur de Gobineau mit seinem Buch: «Versuch über die Ungleichheit der Menschenrassen». Erstmalig gab es eine Zuschreibung als «Jude» jenseits der Religion – ein wahrlich verhängnisvoller Versuch. Von da war es nicht weit bis zu der Schmähschrift von Wilhelm Marr: «Der Sieg des Judenthums über das Germanenthum», die vorhersagte, dass mit der Judenemanzipation das Germanentum zum Aussterben verurteilt sei. Auf derartige Legenden baute die «Antisemitenliga» im Kaiserreich. Zu dem Fluch «Die Juden sind unser Unglück!» verstieg sich schließlich Heinrich von Treitschke im «Berliner Antisemitismus-Streit». Für ihn waren sie meist «deutsch redende Orientalen». Der jahrhundertealte, religiöse Antijudaismus schlüpfte ins Kostüm eines scheinwissenschaftlichen Rassismus.

Eine Konfusion, die nichts zu wünschen übrig lässt

Dabei war die Forschung damals schon so weit, das Ganze als Humbug entlarven zu können. Das erste wissenschaftliche Buch über Antisemitismus veröffentlichte 1901 Heinrich Graf von Coudenhove. Sämtliche Nationen seien ein Gemisch verschmolzener Völker. Die Juden hätten sich schon in ägyptischer Gefangenschaft vermengt, wie andere in ihren Völkerwanderungen. Er verweist auf Cassius Dio, der bereits 223 nach Christus den Namen «Juden», also Bewohner Jehudas, für unzutreffend hielt. Durchziehende jüdische Kaufleute, Dolmetscher oder Ärzte hätten so manchem nichtsemitischen Landesfürsten die Liebe zum Judentum beigebracht. Übergetreten seien damals Römer, Gallier und Germanen, auch arabische und schwarze Stämme. Mit dem König der Chazaren sei später ein ganzer finnisch-ugrischer Volksstamm jüdisch geworden. Die germanische Kultur sei auf semitischem Boden gewachsen, Hauptobjekte katholischen Kults wären der babylonischen Kultur entlehnt, während die Babylonier ihre Götter von den Sumerern liehen. Alle Vorstellungen von Volksgruppen seien bestenfalls schwankende Annahmen, «eine Konfusion, die nichts zu wünschen übrig lässt».

Die Nazis als Zuchtmeister des Rassismus entließen schließlich die Araber aus dem Antisemitismus und konzentrierten ihn ganz auf mutmaßliche Juden. Doch es gab ein Problem. Zwar hatten sie 1935 das «Blutschutzgesetz» erlassen, das «arisches Blut» vor «nichtarischem» schützen sollte. Aber sie hatten keinen blassen Schimmer, wie man beide Blutsorten nachweisen sollte. Es gibt nun mal kein messbares Merkmal, mit dem man jemanden einer «Blutschande» überführen kann. Sie hätten es so gern rassisch begründet, aber, welch Schande für ihre Theorie, es blieb ihnen nichts, als die Kirchenbücher zurate zu ziehen. Hans Globke, Referent für Rassenfragen im NS-Innenministerium, beseitigte so das Definitionshindernis; damit noch etwas von der Abstammungslehre gerettet werden konnte, verfolgte man die Kirchenregister bis in die Großelterngeneration. Damit entschied die oft zufällige Religionszugehörigkeit der Großeltern über Leben und Tod der Betroffenen. Globke erfand auch die unsägliche Bruchrechnung für jüdische Anteile (die sich umgangssprachlich nicht selten bis heute erhalten hat).

Restlos pervers war die Forderung nach einem sogenannten Ariernachweis, der Verdächtige im Sinne der Nürnberger Rassegesetze entlasten sollte. Das konnte nur funktionieren, weil man das Bild von den Ariern als nordisch blonde Herrenrasse in Schulen und Medien massenhaft verbreitet hatte. Offenbar wusste niemand, dass die Arier ein friedliebendes

Hirtenvolk auf der Hochebene des Iran sind, das sich später bis Indien ausgebreitet hat. Wunderbar, wie Mo Asumang in ihrem Dokumentarfilm «Die Arier» iranische Dorfbewohner zu Wort kommen lässt: «Wir Arier denken, Hitler war verrückt. Schon König Kyros hat gesagt: Es gibt keine Unterschiede zwischen den Völkern. Das ist arisch.»

Wie beschämend für uns Neuzeitliche, dass das Denken in den Kategorien von Rassen schon in der Antike als widerlegt galt. Beschämend, wie viele sich widerspruchslos der Verpflichtung zum Ariernachweis gebeugt haben. Auch mein Großonkel, der einen katholischen Priester in Polen bestochen hat für den Nachweis, dass er ein unehelicher Sohn sei und so seinen «jüdischen Anteil» reduzieren konnte. Lächerlich, unwürdig. Aber es hat geholfen.

Unwürdiges darf nie hilfreich sein. In bester Absicht, den nicht zu bestreitenden Hass abzubauen, darf nicht Verwirrung gestiftet werden. Wäre es hilfreicher, weil erhellender, statt von Antisemitismus von Judenfeindlichkeit zu sprechen? Alles so Fragen.

Doch siehe Cassius, siehe Globke, wer ist denn nun Jude? Wer eine jüdische Mutter hat, na gut. Ein Zirkelschluss. Denn was ist eine jüdische Mutter? Sollte sie Mitglied der jüdischen Gemeinde sein? Da kenne ich so manche jüdische Mamme, die das nicht ist. Müsste sie wenigstens in die Mikwe, das Tauchbad gehen, den Sabbat und die jüdischen Gesetze einhalten? Das sieht das Reformjudentum eher entspannt.

Zumal das Mutterprinzip nicht immer galt. Ruth, die

Urgroßmutter von David, dem jüdischsten aller Könige, war Mohabiterin, also Nichtjüdin. Er selbst heiratete eine Philisterin. Im Alten Testament wird die Zugehörigkeit zum Volk Israel über die väterliche Abstammungslinie definiert. So war es kein Problem, dass Josef eine Ägypterin heiratete. Erst etwa im Jahre 200 führte die Mischna neue Prinzipien ein, mit denen sich der Talmud schwertat. Warum die patrilineare Abstammung nach dem Vaterprinzip in die matrilineare umgewandelt wurde, haben die Historiker nicht eindeutig klären können. Einig sind sie sich nur darin, dass es keine religiösen Gründe waren, sondern recht banaler Pragmatismus.

Anti-Antisemitismus tappt in eine Falle

Mitte der 80er Jahre hatte sich in der Ostberliner jüdischen Gemeinde die «Wir für uns»-Gruppe gefunden – Leute meiner Generation mit einem oder zwei, manchmal auch drei oder vier jüdischen Großelternteilen, die sich für ihre Wurzeln zu interessieren begannen. Unser Lieblingswitz: Wenn sich früher drei Juden trafen, stritten sie über den Messias. Treffen sie sich heute, streiten sie über jüdische Identität. Wir alle waren atheistisch, aber mit Kibbuz-ähnlichen Vorstellungen erzogen. Eine religiöse Identität hatten wir nicht, eine rassische, auf Erbgut beruhende kam nach dem NS-Wahn nicht infrage. Warum fühlten wir uns dennoch irgendwie weitläufig verwandt? Das ist rein kulturell-biografisch bedingt, sagten die einen. Alles Mischpoche, widersprachen selbstironisch die anderen. So stritten wir, und wenn wir nicht gestorben sind, dann streiten wir noch heute.

Moshe Zuckermann sprach uns nachträglich frei, als er darauf hinwies, dass man sich im israelischen Verfassungsdiskurs bis heute nicht darauf einigen konnte, «wer oder was ein Jude sei». Nachdem der Begriff «Rasse» suspekt geworden war, versuchten Wissenschaftler mit einigem Erfolg, die historisch und kulturell aufgeladene Kategorie «Ethnie» einzuführen. In seinem heiß umstrittenen Buch «Die Erfindung des jüdischen Volkes» weist Shlomo Sand diese Konstruktion allerdings auch als «gänzlich fiktiv» und «nebulös» zurück. «Ethnische Herkunft» ist nicht belegbar, befand auch der französische Philosoph Étienne Balibar. Und niemand kann das Gegenteil beweisen.

Aber warum tun wir nach der Nazizeit überhaupt wieder so, als sei das Wissen darum, wer nun «jüdischer Mitbürger» ist, wichtig? Warum betrachten wir es nicht als Privatsache, wer warum welche Identität hat? Ziemlich sicher bin ich mir aus Gesprächen, dass man vielen Juden keinen Gefallen tut, wenn jede politische oder religiöse Gegnerschaft als antisemitisch diagnostiziert wird, also letztlich auf etwas jenseits des eigenen Einflusses der «Semiten». So hält man die «jüdische Frage» am Kochen, die doch einzig eine von Gojim, also Nichtjuden gestellte ist. Je mehr es zum gesellschaftlichen Auftrag wird, hinter jeder Fichte einen Antisemiten zu enttarnen, je bedenklicher wird das Ganze.

Der mosaische Historiker Gustav Mayer, der als Student

noch Vorlesungen bei Treitschke gehört hatte, drückte in seinen Memoiren aus, was andere jüdische Kommentatoren ähnlich beschrieben: Die immer wiederkehrende Judenfeindschaft sei ein Relikt aus alten Zeiten, verletzend, aber in ihrer schlichten Machart auch «einfach langweilig» geworden. Sie sei wie «letzte Zuckungen mittelalterlicher Verirrung». «Weil solchen Blicken die Reflexion fehlt, werden die Reflexionslosen davon elektrisiert», befand später Adorno. «Einem solchen Denken ist es egal, ob es überhaupt noch ‹den Juden› in der bekämpften Gestalt gibt.» Dem Antisemitismus wird vorgeworfen, alles Komplexe auf ein Thema zu reduzieren. Aber der Anti-Antisemitismus tappt in dieselbe Falle, indem er auch nur ein vage umschriebenes Motiv zu kennen vorgibt.

Um rassistische Inhalte zu kaschieren, würde vornehm von Kultur gesprochen, behaupten wiederum die Anhänger der Theorie vom «Rassismus ohne Rassen». Es sei aber rassistische Praxis, wenn Mehrheiten die Macht besäßen, Minderheiten als «anders» oder «schädlich» zu definieren und sie deshalb zu benachteiligen, wenn nicht zu verfolgen. Demnach wäre die Ausgrenzung von Dissidenten, Kommunisten, Armen, Homosexuellen, Ungläubigen, Ungeimpften auch Rassismus? Da wird analytische Schärfe der Beliebigkeit geopfert.

Oder zweckentfremdet zu Disziplinierung. Jetzt macht man sich schon durch ein Aber verdächtig. Inzwischen ist bald jede Abweichung vom Trampelpfad der öffentlich beglaubigten Einseitigkeit dem Vorwurf ausgesetzt, empathielos, rechtsoffen oder eben antisemitisch zu sein. Das ist in Deutschland nicht ohne Grund der schlimmste K.-o.-Tropfen, der einem auf offener Bühne verabreicht werden kann. Wie unlängst auf skandalöse Weise Jeremy Corbyn, Judith Butler, Yanis Varoufakis ... die Liste wird immer länger. Der Ausgrenzungsfetischismus erfasst inzwischen Juden und Nichtjuden, Freund und Feind.

Israel gehört laut einer Gallup-Studie mit seinen 65 Prozent Ungläubigen zu den am wenigsten religiösen Ländern der Welt. Von seinen antijudaistischen Ursprüngen hat sich der von Anfang an untaugliche Begriff Antisemitismus in einem überholten Denkrahmen etabliert. Er hat sich zu einem Abstraktum verselbständigt, das von den eigentlichen Ursachen für Feindschaften ablenkt: machtpolitische und ökonomische Verteilungskämpfe. Und man kann sich des Eindrucks schwer erwehren, dass dies gewollt ist. Antisemitismus sei auch die Reduzierung des ökonomischen Unrechts der bürgerlichen Klasse auf Juden, befanden Max Horkheimer und Theodor Adorno 1947. Ein trefflicher Befund, der gern dahin gehend missbraucht wird, man dürfe dieses Unrecht, also letztlich den Kapitalismus überhaupt nicht kritisieren, weil damit untergründig eine Kritik an Juden gemeint sei. Im Kampf zwischen Ideal und Interesse ist es immer das Ideal, das unterliegt.

Hamas – erst fördern, dann vernichten

«Die Hamas muss beseitigt werden», war das Ziel des israelischen Vernichtungsfeldzuges in Gaza. Wer genau ist da zum Töten freigegeben? Die Hamas hatte sich als Zweig der Muslim-Bruderschaft zu Beginn der ersten Intifada von der weitgehend säkularen PLO abgespalten. Weil sie die Zweistaatenlösung, zu der sich der Realist Jassir Arafat schweren Herzens durchgerungen hatte, nicht mittragen wollte. Das kam einigen israelischen Führern sehr gelegen, da sie bekanntlich den Palästinensern auch keinen souveränen Staat gönnten. Seit 1987 förderte daher Israel den Aufstieg der islamischen Hamas. Brigadegeneral Yitzhak Segev sagte dem Investigativ-Portal *The Intercept*, er habe von der israelischen Regierung ein Budget für die Hamas bekommen, das an die Moscheen übergeben wurde. «Die Hamas ist, zu meinem großen Bedauern, eine israelische Kreation.» Ministerpräsident Jitzchak Rabin habe dies später als fatalen Fehler eingestanden.

«Chronik eines Mordes. Jitzchak Rabin», das Stück von Amos Gitai sah ich im Mai 2024 am Wiener Burgtheater. Ich spürte, wie es nicht nur mir eiskalt über den Rücken lief, nach den Greueln der Hamas daran erinnert zu werden, in welcher von ultrarechten Fanatikern geschürten Pogromstimmung der Mann erschossen wurde, der die Aussöhnung zwischen Juden und Palästinensern mit allen Konfliktthemen wie kein anderer mutig vorangebracht hatte. Bei der Unterzeichnung des Oslo-II-Vertrages im September 1995 in

Washington sprach er von seiner Friedensmission, hundert Jahre Blutvergießen für alle Zeiten zu beenden. «Besser das Leid des Friedens als das Grauen des Krieges.» Ein Motto von universaler Gültigkeit. Keine zwei Monate später, nach Wochen hasserfüllter Drohungen gegen den Friedensnobelpreisträger, darunter eine Hetz-Rede von Benjamin Netanjahu auf dem Zions Platz in Tel Aviv, wurde Jitzchak Rabin nach einer Friedenskundgebung von einem fanatischen israelischen Studenten erschossen.

Seither hat es keinen Frieden mehr gegeben. Bei einem Treffen seiner nationalkonservativen Likud-Partei sagte Netanjahu 2019 unbelehrbar: «Diejenigen, die die Möglichkeit eines palästinensischen Staates vereiteln wollen, sollten die Stärkung der Hamas und den Transfer von Geld an die Hamas unterstützen. Das ist Teil unserer Strategie.» Und diesem Strategen, der eine Hauptschuld am Scheitern des Friedensprozesses trägt, soll man heute seine Solidarität erweisen? Weil man ein Antisemit ist, wenn man nicht akzeptiert, dass er und seine ultrarechten bis faschistischen Mitstreiter für das Existenzrecht Israels stehen?

Wie soll man sich erklären, dass ausgerechnet im von Shoah-Überlebenden gegründeten Staat mehrheitlich rechtsextrem gewählt wurde? Dass gar Finanzminister Bezalel Smotrich, der sich selbst als «faschistischen Homophoben» rühmt, vom korruptionsverdächtigen Netanjahu die Kontrolle über große Teile der besetzten Gebiete übertragen bekommen hat? Und dort gegenüber den Palästinensern ein anderes Rechtssystem durchsetzt, wie es für die benachbarten israelischen Siedler gilt. Und wie soll man sich erklären, dass der auch für die besetzten Gebiete zuständige Sicherheitsminister Itamar Ben-Gvir, einst verurteilt wegen Unterstützung terroristischer Vereinigungen, als «religiöser Faschist» gilt – so bezeichnet von dem Politologen der Ben-Gurion-Universität Dani Filc, der eine Erosion des moralischen Gefüges in der israelischen Gesellschaft sieht.

Die «einzige Demokratie im Nahen Osten» hat den politischen Islamismus genährt. Solange dieser seinen Anhängern weismacht, der Tod für Gott müsse ihr hehrster Wunsch sein, es gäbe keinen direkteren Weg, in Allahs himmlische Nähe zu gelangen, als für ihn im Dschihad zu sterben, solange werden jedem abgeschlagenen Kopf des Terrorismus-Drachens sieben neue nachwachsen. Es ist schlechterdings unmöglich, ihm seine Angriffsfähigkeit gänzlich zu nehmen. Hamas ist ein Geschöpf politischer Doppelmoral und sollte daher auf der Ebene der Politik analysiert und bekämpft werden. Die verbrecherischen Gewalttäter der Hamas sind Verblendete, Verrohte, Verdammenswerte – aber sie sind Menschen. Ich bin generell gegen die Vernichtung von Menschen. Sollte das nicht auch ein jüdisches Erbe sein?

Kaum mit dem Koran vereinbar

Der Hamas werde mit einer Friedenslösung die Existenzgrundlage entzogen, sagt der Vorsitzende des Zentralrates der Muslime in Deutschland, Aiman Mazyek. Und er spricht von «unseren jüdischen Geschwistern». Die Lebensbedingungen in Gaza und auch im Westjordanland dürfen nie wieder so werden, wie sie waren. Bei einer Demo in Neukölln sagt ein Palästinenser am Straßenrand: «Ja, wir freuen uns. Aber nicht, weil Menschen getötet wurden, sondern weil es jetzt ohne die Zweistaatenlösung nicht mehr gehen wird. Sogar die Amerikaner sprechen sich dafür aus. Wir hatten lange nicht so viel Hoffnung.» Beweggründe erfragen, statt Antisemitismus zu unterstellen.

Den Schlüssel zum Haupteingang der Lösung haben verhandelnde Politiker. Den zum Nebeneingang besitzen die Religionsgelehrten. Die Religionen haben mit ihren Schriftrollen und Gesetzestafeln die wohl entscheidendsten Beiträge zur Zivilisation der Menschheit geleistet. Gleichzeitig haben sie diese Fortschritte mit ihren fundamentalistischen Theorien und Praktiken auch immer wieder erbarmungslos zurückgeworfen: mit den Feindseligkeiten zwischen den Glaubensbekenntnissen, ihrer jahrhundertelangen Unterdrückung der Frauen, mit Missionierungen, Pogromen, mit Inquisition, ihren Glaubenskriegen. Zur Religionsfreiheit gehört auch die Freiheit zur Kritik an der Religion.

Drei Viertel der Palästinenser geben an, religiös zu sein. In der Gründungscharta der Hamas gilt ganz Palästina nach göttlicher Vorgabe bis zur Auferstehung als im Besitz der Muslime. Jede Abweichung sei ein Verstoß gegen Gottes Wille. Deshalb sei die Tötung von Juden die Pflicht jedes Muslims. Diese Charta ist kaum mit dem Koran vereinbar, sie missbraucht ihn für irdische Interessen. Dennoch hat der hier formulierte Hass nichts mit rassistischen Feindseligkeiten zwischen Semiten zu tun. Antisemitismus wäre selbst hier die falsche Zuschreibung. Gegen den anhaltenden Vorwurf, einer feindlichen Ethnie anzugehören, kann man sich nicht wehren, da kommt man im wahrsten Wortsinn nicht aus seiner Haut. Was derzeit im Nahen Osten und darüber hinaus eskaliert, ist nicht das Ergebnis von Antisemitismus, sondern von Anti-Politik. Seit über 70 Jahren sind Araber und Juden nicht bereit, sich dieses geschichtsträchtige Palästina friedlich miteinander zu teilen. Weder das Alte Testament noch der Koran lassen sich wie ein Grundbuch lesen, aus dem sich territoriale Ansprüche ableiten.

Schalom – Salam – Frieden ist das oberste moralische Gebot aller Gläubigen und Ungläubigen. Der Friedfertigkeit zum Durchbruch verhelfen – hier besteht wahrlich Verteidigungsbedarf.

Aber die internationale Gemeinschaft, die die Gründung des Staates Israel nicht eben sensibel eingeleitet hat, war bislang nicht in der Lage, eine dauerhafte, tragfähige Lösung anzubieten. Statt die mittelalterliche Verirrung Antisemitismus wiederzubeleben, gilt es, die wirklichen Interessen der Gegenseite zur Kenntnis zu nehmen. Dazu gehört, hartnäckige Missverständnisse abzubauen. Etwa die missverstandene Bedeutung von den Juden als von Gott *auserwähltes* Volk. Man könnte es auch mit *geschätztes* oder *besonderes* Volk übersetzen. Dabei geht es nicht um eine Bevorzugung der Juden. Mit der Offenbarung der Tora am Berg Sinai hat nach rabbinischer Überlieferung Moses für das dabei anwesende Volk Israel eine große sittliche Verpflichtung entgegengenommen. Nämlich Vermittler für *alle* Menschen zwischen Gott und der Schöpfung zu sein. Wird Israel, das so viel Wert darauf legt, ein jüdischer Staat zu sein, dieser Verpflichtung mit dem jetzt von ihm angerichteten Inferno in Gaza gerecht? Sicher nicht.

Wir sind auserwählt zum Leid, hatte meine Mutter (die Vaterjüdin) gesagt. Aber nein, Mamme, kein Gott, kein Staat und kein Militärbündnis hat das Recht, irgendeine Gemeinschaft leiden zu lassen. Aber ja, verdammt sind wir alle auf dieser kleinen, wunderbaren Erde – verdammt, uns zu vertragen. Und das geschieht uns recht.

Tacheles reden

Gemeinnütziger Widerspruch ist m…

Endlich hat es auch in Deutschland einen Auslöser gegeben, der das Fass des Unmutes zum Überlaufen gebracht hat – endlich gingen Millionen gegen rechts auf die Straße. Denn die auf dem Geheimtreffen der AfD ausgeheckten Pläne zu millionenfacher «Remigration» waren zutiefst verstörend. Doch bis zu den Wahlurnen hat die Empörung über das völkische Treiben nicht gereicht. Die Demonstranten hatten allerdings auch keinen klaren Handlungsauftrag erkennen lassen.

Millionen gegen die AfD – aber bitte eine Buntheit, die ins Schwarze trifft

Weltweit haben es in letzter Zeit Millionen Menschen vorgemacht: in Polen, Israel, Argentinien, Frankreich, Iran. Sie alle protestierten gegen reaktionäre Vorhaben ihrer Regierung oder von Wirtschaftsbossen. Aber die späte deutsche Protestkultur zeigt den kleinen Unterschied. Hier hat man offenbar auf einen Moment gewartet, in dem man mit den Regierenden und den Konzernen *gemeinsam* auf die Straße gehen kann. Kein Protest gegen von den Herrschenden verursachte Missstände, sondern eine «wertebasierte» Verteidigung des Status quo. Den ich eben als marktkonforme »Fassaden-Demokratie» beklagt habe.

Ein Demo-Bad in Regenbogenfarben ist wahrlich wohltuend. Aber es reicht nicht als Therapie. Voraussetzung von Heilung ist eine fundierte Diagnose. Die doch längst vorliegt, aber nicht gehört wird. Wie die des jüngst verstorbenen Oskar Negt: «Ein deregulierter Finanzmarktkapitalismus ist ein zutiefst autoritäres Regime.» Von diesem Regime geht seit Jahren ein Rechtsruck aus, der Wut und Ohnmacht hinterlässt. Es ist grotesk, die AfD bekämpfen zu wollen, indem man zugleich duldet, dass das Kabinett ihre Forderungen umsetzt. «Wir müssen endlich in großem Stil abschieben.» Das nennt der *Spiegel* «die neue Härte des Kanzlers». Aber so gut wie alle Geflüchteten sind vor Kriegen geflohen – einer so verbrecherisch und sinnlos wie der andere. Die mit Abstand meisten Asylsuchenden kommen aus *failed staates*, die «Präventivangriffe» der US-geführten Koalitionen der Willigen hinter sich haben oder aus dem provozierten Angriffskrieg in der Ukraine. Wie wäre es mal mit Friedenspolitik «in großem Stil»?

Die Zivilisation ist doch gar nicht derart degeneriert, dass wir nur noch im Modus der Abschreckung miteinander umgehen können! Vielmehr trifft das nur auf die Machteliten zu. Unsere will nicht nur verteidigungstüchtig sein, wie es das Grundgesetz vorsieht, sondern kriegstüchtig. Da aber der gesunde Menschenverstand immer noch gegen Krieg ist, muss jetzt unter großem medialen Beschuss Kriegswilligkeit erzeugt werden. Aus der Bedrohung der ukrainischen Staatlichkeit in ihren bisherigen Grenzen die existenzielle Bedrohung der Nato-Länder herzuleiten, ist eine Angstdrohne, die auf Willensbeugung zielt. Auf Zustimmung zum Sozialabbau. Und so wieder Extremismus befördert.

Da wünschte man sich von den Demonstranten ein Dagegen, das ein Wofür erkennen lässt. Eine Buntheit, die ins Schwarze trifft. Gar einen souveränen Humor, wie bei den Großdemos der Wendezeit. Zugegeben, das Lachen bleibt einem derzeit im Hals stecken. Aber mit beherztem Räuspern könnte der vergiftete Apfel ausgespien und für Transparente nutzbar gemacht werden, die einen erweiterten Begriff von «gegen AfD» erkennen lassen.

Waffen stillgestanden. Nicht das Denken. Prekarier aller Länder, vereinigt euch.

Eröffnungsrede auf dem Gründungsparteitag des Bündnisses Sahra Wagenknecht

Einen konkreten Versuch, der AfD etwas entgegenzusetzen, könnte man auch die Gründung der Partei *Bündnis Sahra Wagenknecht* nennen. Ich hatte lange gehofft, die aus historischer Sicht eine Linke immer schwächende Aufspaltung könne vermieden werden. Als aber klar wurde, dass der Bruch nicht zu kitten ist, vor allem weil die LINKE ihren Wesenskern als Oppositionspartei verloren hatte, habe ich die Pläne von Sahra Wagenknecht wohlwollend verfolgt. Wir kannten uns unter anderem aus der mit Elan gestarteten, aber dann in den Niederungen der Organisation steckengebliebenen Bewegung «Aufstehen». Mutig, nach solcher Erfahrung noch einen Anlauf zu wagen. Aber diesmal, so das Versprechen, würde es besser vorbereitet. Aufgrund vieler Nachfragen dokumentiere ich hier meine Eröffnungsrede auf dem Gründungsparteitag:

Dieser Parteitag ist in vielerlei Hinsicht außerordentlich und zugleich ordentlich. Schon sein Datum ist nicht zufällig. Und das ist wohl auch der Grund, weshalb ich die Ehre habe, hier als Erste zu sprechen: Heute vor 79 Jahren hat die Rote Armee das Vernichtungslager Auschwitz-Birkenau befreit. Der 27. Januar ist von der UNO zum Internationalen Tag des Gedenkens an die Opfer des Holocaust erklärt worden. Sahra bat mich, ein paar Worte zu diesem Anlass zu sagen.

Denn von diesem Parteitag geht das unmissverständliche Engagement für Antirassismus und Antifaschismus aus. Der nachdrückliche Wunsch, alle Deutschen hätten für immer aus der Geschichte gelernt, hat sich nicht erfüllt. Der Schoß ist fruchtbar, immer noch. Angesichts dessen, was Rechtsextremisten in Vorder- und Hinterstuben an faschistoiden Plänen aushecken, geht es um die kollektive Zuständigkeit von uns Nachgeborenen. Der Kapitalismus mit seinen verheerenden militärischen Geostrategien, mit seinen sozialen Verwerfungen und der daraus folgenden Ableitung von Wut auf Sündenböcke – bringt er abermals all das hervor, was schon einmal ins Verderben geführt hat?

Ich muss in diesen Tagen an Fania Fénelon denken, die Auschwitz nur überstanden hatte, weil sie zu dessen wahnwitzigem Mädchenorchester gehörte, wie Esther Bejarano und Anita Lasker-Wallfisch. Ich lernte die französische Chanson-Sängerin später in der DDR kennen, wo sie einige Jahre gelebt, unterrichtet und Konzerte gegeben hat.

Eingeprägt hat sich mir die Schilderung in ihrem Buch, wie der Reichsführer SS Heinrich Himmler, der geistige Vater aller KZ, zu «Besuch» kam. Über seinen letzten davor von 1942 hatte sich herumgesprochen, dass er der Vernichtung eines eben eingetroffenen Judentransportes beigewohnt hatte, Befehle erteilte, die Selektion müsse noch weniger «Abfall» hinterlassen. Töten sei wirtschaftlicher als Ernähren. Und diesmal wolle er also ein Konzert des Mädchenorchesters besuchen. Es hieß, sie müssten sich extrem anstrengen, denn er verstünde etwas von Musik. «Horror, Hass, ohnmächtiger Aufruhr packen mich», schrieb Fania. «Der Organisator unseres eigenen Todes wird hierherkommen. Der Henker wird kommen und sich seiner Opfer freuen.» Er kam, hörte gelangweilt einige Minuten zu und ging. Er hatte Wichtigeres zu tun. Sein Desinteresse verbreitete Panik im Orchester. War es das Todesurteil?

Am Morgen des 27. Januar 1945 stieß die Rote Armee zunächst auf das Zwangsarbeitslager Monowitz. Hier feuerten Angehörige der Waffen-SS und der Wehrmacht noch besinnungslos um sich, etwa 230 sowjetische Soldaten ließen allein hier ihr Leben. Im Laufe des Tages stieß ihre 322. Infanteriedivision bis zum Hauptlager vor. Nicht die Alliierten, wie Ursula von der Leyen fälschlich behauptete. Die sowjetischen Kameramänner, die sofort zu dokumentieren begannen, schilderten: «Unseren Augen bot sich ein schreckliches Bild: eine riesige Anzahl von Baracken – auf den Pritschen lagen Menschen, Skelette schon, mit Haut überzogen und abwesendem Blick. Es war schwer, sie ins Leben zurückzuholen.»

Alle Geknechteten und Geblendeten vom NS-Regime zu befreien, dafür haben allein 13 Millionen Soldaten der Roten Armee ihr Leben gelassen. Dafür sind wir auf ewig zu Dank verpflichtet, wie immer sich die Weltlage inzwischen verändert hat.

Warum daran erinnern? Das größte Verbrechen der Menschheitsgeschichte ist von Deutschen begangen worden. Es war alles andere als ein Vogelschiss! Und ich finde es wichtig zu betonen, dass sich gerade am heutigen Datum eine Partei konstituiert, der es am Herzen liegt, das Gedächtnis dafür wachzuhalten und Folgerungen daraus zu ziehen.

Denn es geht auch darum, missbräuchliches Erinnern nicht zu dulden. Welch Schindluder hat ein Außenminister der Grünen mit der einzig richtigen Schlussfolgerung: «Nie wieder Auschwitz» getrieben, als er damit den völkerrechtswidrigen Angriffskrieg der Nato gegen Jugoslawien rechtfertigte!

Auschwitz, die ganze Shoah, war nur im Schatten des Weltkrieges möglich. Nichts führt so direkt zu Enthumanisierung wie Krieg. Deshalb ist es so unverzichtbar, wenigstens *eine* konsequente Friedenspartei im Parlament zu haben.

Zweifellos wäre es auch mir lieber gewesen, die LINKE hätte ihre Kraft zu Vereinigung, wie sie sie etwa mit PDS und WASG bewiesen hat, beibehalten. Auch in ihrer Friedenspolitik hatte sie lange nicht nur meine Sympathie. Doch spätestens als die LINKEN-Parteiführung es aus fadenscheinigen Gründen abgelehnt hat, die großartige Demonstration «Aufstand für den Frieden» von Alice Schwarzer und Sahra Wagenknecht zu unterstützen, war der Bruch zwischen beiden Flügeln endgültig. Längst hatte die LINKE ihre Aufgabe als unüberhörbare Opposition zum Regierungskurs eingebüßt. Eine Entwicklung, die die Grünen lange hinter sich hatten.

Folgerichtig gibt es in der derzeitigen Parteienlandschaft eine Repräsentationslücke. Etwa die Hälfte der Bürger finden im gegenwärtigen Parlament keine Partei, mit der sie sich identifizieren können. Wer der Zeitenwende hin zur Kriegstüchtigkeit konsequent widersprechen will, dem Irrglauben an «Sieg durch Waffen», diesen wahnsinnigen «Werkzeugen des Todes», wie Pabst Franziskus sie nennt, der könnte sich genötigt sehen, die AfD zu wählen; obwohl er sie in allen übrigen Punkten von Herzen ablehnt. Das ist ein unhaltbarer Zustand, denn der Frieden muss allen nicht vom Krieg profitierenden Menschen das Allerwertvollste sein. Nur ein Leben in Frieden ist lebenswert.

Waffen und der sie begleitende Wirtschaftskrieg vernichten Leben und den Rest von intakter Natur. Der ebenfalls tobende Informationskrieg soll uns Bürger um den Verstand bringen, den wir brauchen, um mündig zu bleiben. Es muss verdammt noch mal möglich sein, Waffenlieferungen und die Geringschätzung von Verhandlungen und Diplomatie abzuwählen, ohne sich damit das faschistoide und unsoziale Gedankengut der AfD einzuhandeln!

Sahra Wagenknecht hat bewiesen, dass gemeinnütziger Widerspruch noch möglich ist. Sowohl gegen die um sich greifende Kriegsbereitschaft wie auch in ihrem Engagement für die sozial Benachteiligten. Oder in der Kritik totalitärer Tendenzen im Umgang mit der Pandemie. Sie eröffnet Denkräume, indem sie neoliberale Mythen entlarvt. Sahra reflektiert die Vor- und Nachteile verschiedener Eigentumsformen. Denn von welchen Besitzverhältnissen wir abhängig sind, das entscheidet über Selbstbestimmung und Identität wohl mehr als alles andere. All das verdient Unterstützung.

Gemessen daran sind die offenen oder auch umstrittenen Fragen nachrangig. Nicht zweitrangig. Ich gehe davon aus, dass die Antworten im demokratischen inner- und außerparteilichen Dialog präzisiert werden.

Etwa die Gretchenfrage: Nun sag, wie hast du's mit der *Migration*?

Als Internationalistin bin ich auch gespannt, was hier für ein Europa-Wahlprogramm verabschiedet wird. Diese EU als transatlantische Filiale der USA und der NATO ist wahrlich vom Kopf auf die Füße zu stellen. Aber dabei rechne ich auch mit der anhaltenden Gültigkeit der revolutionären Forderung: *Prekarier aller Länder, vereinigt euch*!

Beide auf ihre Art linken Parteien werden nun wie alle anderen in Konkurrenz stehen. Ich hoffe aber, ähnlich wie

Gesine Lötzsch, dass sie sich nicht als politische Hauptgegner ansehen, sondern da, wo sich Gemeinsamkeiten erhalten haben, auch kooperieren.

Gestatten Sie mir noch eine persönliche Bemerkung. Ich bin seit über 30 Jahren parteilos. Und habe auch nicht die Absicht, daran etwas zu ändern, weil sich meine Erfahrung bestätigt hat, dass der Platz von meinesgleichen zwischen den Stühlen ist. Es gibt allerdings Momente, in denen man sich für einen Stuhl entscheiden sollte. Ich habe auch noch nie auf einem Parteitag gesprochen. Aber es ist ja nie zu spät, Neues auszuprobieren. Etwa um dem Bündnis Sahra Wagenknecht meinen Respekt zu bekunden – für den Mut und die Kühnheit, der zunehmend militanten und restaurativen Parteienlandschaft die Stirn zu bieten. Möge dieses Bemühen erfolgreich sein!

Mehr als wünschenswert wäre es, wenn wir alle einen dringend nötigen, wenn auch sicher bescheidenen Beitrag dazu leisten könnten, dass unser Land, und ja, auch unser Europa, im nächsten Jahr, zum *80. Jahrestag* der Befreiung von Auschwitz, zur Vernunft gekommen sind.

Der Rechtsruck kommt aus dem Inneren des Staates

Wie das historische Gedächtnis der DDR bereinigt wurde

Wenn nach weiteren Gründen gesucht wird, weshalb die Rechten sich im Osten so ermutigt fühlen, muss auch daran erinnert werden, dass sofort nach dem Beitritt der DDR zur BRD der geschlichtet geglaubte bundesdeutsche Historikerstreit wiederbelebt wurde. Das war kein akademisches Phänomen, sondern hatte Konsequenzen bis tief in den Alltag der Menschen. Nur drei Jahre nach Beilegung des Streits spürte die unterlegene Nolte-Fraktion im neuen Nationalbewusstsein wieder Rückenwind. War der Kommunismus nicht doch ursächlicher für alle Übel, also schlimmer als der Faschismus? Oder wenigstens genauso schlimm? Das gleichsetzende Wording von den *zwei deutschen Diktaturen* eroberte die Schreibstuben. Durchaus nicht nur die westlichen, sondern auch die von Ostdeutschen, die bislang nicht sonderlich durch Widerständigkeit aufgefallen waren, wie etwa Pastor Joachim Gauck.

Es schien nichts Dringlicheres zu geben, als umgehend alle zu delegitimieren, die noch Reste von DDR-Verbundenheit vermitteln könnten, wie Sportler, Künstler oder eben Antifaschisten. Herrschende wissen, wie wirksam es ist, «Stolz» zu nehmen oder zu geben. Das für nicht wenige ehrlich empfundene Selbstverständnis, wenigstens in einem antifaschistischen Staat gelebt zu haben, wurde nun massiv infrage gestellt.

Mit Enthusiasmus wurde die wohl stärkste Identität stiftende Säule im öffentlichen Selbstverständnis der DDR demontiert. Die Historikerin Annette Weinke sprach von der «oftmals übertriebenen, insgesamt jedoch überaus notwendigen Entzauberung des Antifaschismus».[37] Wäre es nicht angesichts der sehr bald nach Mauerfall verübten rassistischen Überfälle in Ost und West «überaus notwendig» gewesen, die konstruktiven Elemente des Antifaschismus beider Seiten mit zu vereinen und somit dem aufkommenden Übel zu bedeuten, dass zwischen die vereinten Demokraten aus Ost und West kein Blatt und kein Stiefel passen? Wenn dagegen die Botschaft lautet, dass die Abwehr von Faschisten bei den DDR-Bürgern nie Herzenssache war, sondern nur verordnet, so mussten Neonazis dies als Einladung in neue Hoheitsgebiete auffassen. Deckel auf, alles, was aufsteigt, zu Opfern kommunistischer Herrschaft erklären; staatliche Ermutigung für Neonazis und kein Konzept für die Auseinandersetzung mit rechtem Gedankengut – das ist ein explosives Gemisch. Das bekommt eine autoritäre Dynamik, in der ein freiwilliger Antrieb zur Unterwerfung verstärkt wird durch mangelnde Möglichkeit der «Selbstoptimierung» für den Markt. Dieser Mix führt zu populistischen Bedürfnissen, die oft wenig rational sind.

Widerspruch kam fast nur von außen. So fragte die Historikerin Susan Neiman, ob es nicht angemessener war, nach zwölf Jahren faschistischer Propaganda in der DDR einen antifaschistischen Standpunkt zu verordnen, als in der BRD einen faschistischen zu dulden. «Wie ich ausführlich in *Lernen von den Deutschen* gezeigt habe, war der Umgang mit der NS-Vergangenheit in Ostdeutschland den mangelhaften Bemühungen der Bundesrepublik in den ersten vierzig Jahren ihres Bestehens weit überlegen.»[38] Für ein solches Fazit konnte sich auch Neiman heftiger Angriffe gewiss sein.

In der Bundesrepublik stand Antifaschismus von Anfang an unter Kommunismus-Verdacht und galt als potenziell totalitär. Die eigentlich schon ausrangierte Totalitarismus-Theorie wurde für das innige Bedürfnis wiederbelebt, die gesamte DDR als totalitär einzuordnen. Selbst das neu gegründete Hannah-Arendt-Institut in Dresden missachtete die Einschätzung seiner Namensgeberin, wonach «die totale Herrschaft, die furchtbarste aller modernen Regierungsformen, ... mit dem Tod Stalins in Russland nicht weniger ihr Ende gefunden hat als in Deutschland mit dem Tod Hitlers». Die neuen Einparteien-Diktaturen müssten differenzierter betrachtet werden. Doch solche Feinheiten gingen unter in dem nunmehr verordneten Antikommunismus, der bis heute anhält.

Fehler im System: Gewollte staatliche Ermutigung für Rechtsradikale seit 1990

Die Herabsetzung und Diskriminierung letztlich aller Ostdeutscher, selbst derjenigen, die sich in «Freiheit und Demokratie» der Bundesrepublik schnell zu Hause fühlten oder zumindest zu sofortiger Anpassung bereit waren, erklärt nicht hinreichend den vergleichsweise noch größeren Auftrieb der AfD in den «neuen Bundesländern». Vielleicht gibt es für diese paradoxe Unvernunft auch keine rein rationale Begründung. Woher haben diejenigen, die die Antifaschismus-Verordnung mit großer Bereitschaft akzeptiert oder sich ihr zumindest widerspruchslos gebeugt haben, plötzlich den Antrieb, gar den Mut genommen, aus der Deckung zu gehen, unliebsam aufzufallen und sich dabei endlich stark zu fühlen? Wer hat sie darin bestärkt?

Die Wende von 1989 war auch eine Zeitenwende im Umgang mit Rechtsextremen. Genauer gesagt: Für sie brachen bessere Zeiten aus. Aus zentralen staatlichen Institutionen kamen und kommen unübersehbare rechtslastige Signale, die Neonazis nur als Ermutigung deuten können. Zumal gelegentliche öffentliche Kritik an diesen Zuständen nichts ändert. Da wird also nichts übersehen, es ist genau so gewollt.

So machten Neonazis, Anhänger von NPD und später von Pegida sehr schnell die Erfahrung, dass die **Polizei** ihre Demos und Veranstaltungen sorgsam schützt, während linke Gegendemos eingekesselt und Teilnehmer verprügelt wurden. Das Fanal von Rostock, als die Polizei 1992 die Ausschreitungen des rechten Mobs gegen Asylbewerber und Vietnamesen tatenlos hinnahm, hatte Signalwirkung. Von «kleiner Reichspogromnacht» war die Rede. Politische Konsequenz: Das Asylrecht wurde verschärft, während die Opfer bis heute nicht entschädigt sind. Auch wenn die meisten Polizisten sich im Alltag selbstverständlich an die Gesetze halten, gehen jährlich etwa 1500 Strafanzeigen wegen Polizeigewalt ein. 95 Prozent der Verfahren werden eingestellt, weil Richter und Staatsanwälte viel eher geneigt sind, den Aussagen der Polizei zu glauben als den Betroffenen. Bis in die jüngste Zeit klagen Teilnehmer etwa von Klima-Demos über polizeiliche Schmerzgriffe oder Migranten über willkürliche Repressalien. Beschwerden von Neonazis über Polizeipraktiken kommen praktisch nicht vor.[39]

Der **Verfassungsschutz** hat von Anfang an seine obsessive Praxis, gutbezahlte V-Leute anstiftend in die Szene zu schicken, ausgebaut und so verhindert, dass ein Verfahren gegen die NPD auch nur eröffnet werden konnte. Unter dem Vorwand, die Leute dann besser beobachten zu können, haben die geheimen Dienste seit Anfang der 90er Jahre geholfen, Nazistrukturen aufzubauen und die Aufklärung der NSU-Mordserie blockiert. Die Akten der meisten V-Leute wurden eilig geschreddert, als das Trio aufflog. Indizien deuten darauf hin, dass die Behörden die Nazis absichtlich nicht festnahmen. Um sich zu finanzieren, sind den drei Laien-Bankräubern sieben Banküberfälle gelungen. Sieben auf einen Streich, und die Kriminalpolizei und der Verfassungsschutz hören und sehen nichts. Wer Akten schreddert, kann auch seine Unschuld nicht mehr beweisen. Heute ist der langjährige VS-Chef Hans-Georg Maaßen als Vorsitzender der ehemals CDU-nahen und rechtslastigen Werteunion der Erste, der eine Koalition seiner Partei mit der AfD nicht ausschließt.

Dass die Staatssicherheit erheblich zur Staatsunsicherheit beigetragen hat, scheint dem Verfassungsschutz in seinem falschen Verständnis vom Schutz der Verfassung keine Lehre zu sein. Geheime Dienste nutzen ihren Spielraum gern für eine eigene, geheime Agenda, womit sie sich verselbständigen und der parlamentarischen Kontrolle entziehen. Ein Hauptgrund, ihren Nutzen in Zweifel zu ziehen.

Die **Justiz** hat sich nicht selten so verhalten, als sei der Geheimdienst ihr weisungsbefugt. Staatsanwaltschaften haben sich bei der Strafverfolgung rechtsextremer V-Leute, z. B. bei einem Überfall auf ein Asylbewerberheim, zurückzuhalten. Im größten und kostspieligsten Prozess seit dem Beitritt, dem zur NSU-Mordserie, ist die Mitverantwortung staatlicher Sicherheitsbehörden nicht thematisiert worden. Siebzehn Anwälte und Nebenkläger sprachen in einer gemeinsamen Erklärung von «institutionellem Rassismus». Das V-Mann-System fördere rechtsradikale Entwicklungen und gehöre aufgelöst. «Der Fehler liegt im System.»

Als der Bundesgerichtshof (BGH) im Juli 2005 drei Neonazis freisprach, die mit der Parole «Ruhm und Ehre der Waffen-SS» durchs Land gezogen waren, lag dies nicht an fragwürdiger Rechtsprechung, sondern an einem fragwürdigen Gesetz, das einen sehr breiten Spielraum gewährt, bevor der Straftatbestand der Volksverhetzung gegeben ist. Wie im Urteil des Oberlandesgerichts Frankfurt vom Juli 2024, wonach spottende Posts über das Verbrennen von Juden nicht zu beanstanden sind, da in einer geschlossenen Chatgruppe das Merkmal des «Verbreitens» nicht erfüllt sei.[40]

Rechtslastige Signale kommen nach wie vor von den **Bundeswehr**-Richtlinien der Gedächtniskultur. Militärische Ehren stehen neben Bundeswehrangehörigen allen ehemaligen Berufssoldaten der Deutschen Wehrmacht, der Reichswehr und des Kaiserreichs zu, nicht aber einstigen DDR-Soldaten.[41] Sie dürfen auch ihren früheren Dienstgrad mit dem Zusatz a. D. nicht weiter tragen. 150 000 ostdeutsche Armeeangehörige wurden so gedemütigt. Auch Résistance-Kämpfern oder Soldaten, die bei den Alliierten gegen die Nazis gekämpft haben, hatten keinen Anspruch auf Ehre. Verordneter Anti-Antifaschismus war allemal erlaubt.

Unter dem Historiker Helmut Kohl wurden mit einer Anordnung unbesehen alle 299 Traditionsnamen von NVA-Einrichtungen getilgt. Gleichzeitig ist es bis heute nicht möglich, endlich alle NS-belasteten Namen von Bundeswehrkasernen umzubenennen. Das geht angeblich deshalb nicht, weil man nichts verordnen will, sondern vor Ort entschieden werden soll. So viel Basisdemokratie in Namensfragen kennt wohl nur die Bundeswehr. So kam in Eutin im August 2021 der Beschluss zustande, eine Kaserne nach dem SA-Mitglied Oberst Werner Herrmann zu benennen, dem 1944 eine einwandfreie «nationalsozialistische Haltung» bescheinigt wurde. Als Persilschein genügte, dass ihm keine Kriegsverbrechen nachzuweisen waren. Im Verteidigungsministerium kursierte ein zynischer Name für die Rechtslastigkeit: Braunlage.

Welche Botschaft wird mit solchen Praktiken an die Neubundesbürger gesendet, deren Affinität zu rechtsextremem Gedankengut in der DDR durch Verordnung und soziale Integration gedeckelt war? Und die nun empfänglich für Signale wurden, die sie für sich als staatlich legitimiert (miss-)verstehen mussten.

Was alle betraf: das Wertesystem staatlicher **Rentenversorger**. Jahre unter Hitler brachten mehr Entgeltpunkte als Jahre unter Honecker. Ein Rentenstrafrecht für die als staatsnah erachtete DDR-Elite, bei demonstrativem Rentenbelobigungsrecht für die NS-Elite. Während den Verfolgten des NS in der DDR 1990 ihre gesetzlich erworbenen Renten um 300 Mark gekürzt wurden (unter ihnen nicht wenige Juden), fließen getreu einem Führererlass weltweit auch an die letzten ausländischen SS-Kämpfer, ohne dass diese ins Rentensystem eingezahlt haben, steuerfrei Renten vom deutschen Steuerzahler.

Ähnlich Haarsträubendes wäre zu erzählen von Universitäten und Schulbüchern, von der Bundesbahn oder dem Auswärtigen Amt.[42] Überall ist Braunlage. Bevor der Rechtsextremismus die Mitte der Gesellschaft erreicht hat, kam er aus der Mitte des Staates. Antifaschismus war in der Bundesrepublik nie Staatsräson. Das antikommunistische Rollback der politischen Entscheidungsträger im Westen hat nicht nur den Osten erfasst, sondern das ganze Land – und im Verbund mit Gleichgesinnten weite Teile Europas.

Entwürdigung der zweiten Art

Die rechtslastigen Signale kamen aus dem Innern des für die Ostler noch fremden Staates. Wer einen Sinn dafür hatte, konnte die Zeichen an der Wand nicht übersehen.

In der ostdeutschen Lokalpolitik konnten und sollten die neuen Wertmaßstäbe niemandem entgehen. Straßen, Plätze, Brücken, Betriebe, Klubs und Schulen wurden flächendeckend umbenannt, das historische Gedächtnis der Städte bereinigt. Um sich überhaupt noch orientieren zu können, mussten oft neue Stadtpläne gedruckt werden. Auf massiven Wunsch der Bevölkerung, so meldete die *Freie Presse* aus Chemnitz, sollten die «Prinzipien zur Umbenennung» erklärt werden. Prinzip sei, so lautete die Antwort, solche Namen zu entfernen, die mit Unrecht aus der politischen Vergangenheit belastet seien. Belastet waren die meisten offensichtlich mit ihrer Gegnerschaft zu Hitler. Als einer der Ersten hatte der Rabbiner-Sohn Albert Norden zu verschwinden, der vor allem damit belastet war, ein vor der Geschichte haltbares Urteil zu Hans Globke befördert zu haben.

Die kommunistischen Widerstandskämpfer entgingen der Entwürdigung der zweiten Art nicht, aber auch ein Dutzend Autoren, die schon Hitlers Bücherverbrennung zum Opfer gefallen waren, wurden nicht verschont, selbst wenn sie anderswo akzeptiert waren. So in Chemnitz August Bebel, Max Hoelz, Stefan Zweig, Franz Mehring oder in anderen Städten Johannes R. Becher, Maxim Gorki, F.C. Weiskopf, Rosa Luxemburg und Clara Zetkin. All diese Aktivitäten waren keine unerlaubten Nacht-und-Nebel-Aktionen. Sie geschahen auf Initiative, zumindest mit Billigung der örtlichen Organe. Nicht selten haben sich dabei in den unteren Rängen wendige Wendehälse angedient. Aber geleitet wurden die Verwaltungen fast ausnahmslos von Westdeutschen.

Die Ost-Bürgermeister der Bezirke Prenzlauer Berg, Mitte und Friedrichshain weigerten sich, einige Namensänderungen zu akzeptieren. Der Westberliner CDU-Senator Haase erklärte, «dass das Geschichtsbewusstsein der Bewohner der Ostbezirke zu sehr von der Parteipolitik der DDR geprägt sei und dass sie nicht in der Lage seien, ein Urteil zu fällen».[43] Perfekter hätte die Entmündigung nicht sein können. Nicht in der Lage, ein Urteil zu fällen – wer nun noch protestierte, outete sich als Altlast. Was dennoch nicht wenige wagten. Die meisten nahmen die Umbenennungen hin, einseitige Geschichtsbilder waren sie gewohnt. Nun galt es, die Zeichen der neuen Zeit wahrzunehmen.

Manch prominenter Protest hatte dennoch Erfolg. Günter Nobel, der aus einer berühmten Rabbiner-Dynastie stammte und Vorstandsmitglied des Berliner Jüdischen Kulturvereins war, beschwerte sich in einem offenen Brief bei den Bezirksverordneten von Berlin-Marzahn über die beabsichtigte Streichung jüdischer Namen, insbesondere des Namens von Bruno Baum: «Begreifen Sie wirklich nicht, dass in einer

Zeit wachsenden Rassismus und Antisemitismus solche Beschlüsse neofaschistischen Tendenzen Auftrieb geben können? Ich hatte die ‹Ehre›, mit Bruno Baum längere Zeit im Zuchthaus Brandenburg in einer Zelle im Judenflügel zu verbringen, weiß also, für welch selbstlosen Menschen ich eintrete. Offenbar ist Ihnen nicht bekannt, dass Bruno Baum zu den führenden Köpfen des internationalen Widerstandes noch in den Vernichtungslagern Auschwitz und Mauthausen zählte. Wer wagt es heute, solche Menschen zu beleidigen?»

Die «Sächsische Friedensinitiative Dresden», eine im Wendeherbst entstandene kirchliche Basisgruppe, drückte im Herbst 1991 in einem offenen Brief an die Stadtverordnetenversammlung ihre Sorge aus, dass eine Zustimmung zu den über hundert beabsichtigten Umbenennungen «einen starken Identitätsverlust bei vielen Bürgern unserer Stadt zur Folge hätte». Die Entehrten hätten für ihren Einsatz gegen Faschismus und Krieg ihr Leben gegeben, teils auch unter dem Fallbeil im Dresdner Landgericht. Der einheimischen Namensliste folgt die besondere Fürbitte um den Erhalt des Namens Salvador Allende, dessen Opfer im Kampf gegen eine faschistische Diktatur heute in aller Welt gewürdigt wird. «Mit der Auswahl solcher Namen geht es um Entscheidungen über Vorbilder, sittliche Werte, moralische Normen, historische Traditionen und Geschichtsabläufe, welche anerkannt oder verworfen werden.» Dieser Brief wurde komplett ignoriert.

An dem Gedenkstein für das spanische Franco-Opfer Julián Grimau, an der Allee, die nicht mehr nach ihm hieß, wurde seine Namenstafel entfernt. Freier Platz bleibt nie ungenutzt. Ein Foto von 1992 zeigt auf dem Stein eine neue Graffito-Inschrift: «Faschisten raus – aus dem Bett! Deutschland erwache.»

Die einheimischen und zugereisten Faschisten haben aus ihren wohligen Betten sehr genau verfolgt, wo sich neue Räume für sie ergeben und diese für eine Art spirituelles Erwachen genutzt. Wo irgend möglich, hinterließen sie ihre Duftmarken und machten die Erfahrung, dass keine staatliche Stelle sie daran hindert.

Auch wenn Dresden heute eine sehenswerte barocke Schatztruhe ist, hat das bekanntlich nicht zu harmonischen Verhältnissen geführt. Die unmittelbar nach dem Beitritt gemachten Erfahrungen von demütigender Entwertung und Enteignung, die nazimilden Signale aus der Mitte des Staates, die Missachtung von Bürgereinspruch und schließlich ein politisch und medial verhängnisvoller Umgang mit schutzsuchenden Geflüchteten haben in Sachsen und darüber hinaus den Rechtsruck im Lande bewirkt. Sachsen als angebliches Volk der Revolutionäre erlebte quasi als Farce eine skurrile Wiederkehr, als auch Pegida dieses Label für sich in Anspruch nahm.

Mythos DDR-Antifaschismus?

Alle Verantwortung für den Rechtsruck nur im Westen, keine im DDR-Erbe? Eine solch einseitige Schuldzuweisung wäre töricht. In den 80er Jahren war nicht mehr zu ignorieren, dass sich rechtsradikale Netzwerke auch in der DDR ausbreiteten. Für mich war der angreifbarste Punkt des DDR-Antifaschismus, dass er es versäumt hat, auch die totalitären Tendenzen der eigenen Ordnung zu kritisieren und die eher niedrigen Motive der verführten Massen im Dunkeln ließ. Das hätte zu grundsätzlichen Fragen über den stalinistischen Umgang mit Widerspruch geführt und den verfluchten und paranoiden Zwang offenbart, hinter jeder Ecke Renegaten, Verräter, Agenten und Klassenfeinde aufspüren zu müssen.

Ein über den Antifaschismus im engeren Sinne hinausgehendes Denken hätte Fragen der sogenannten *Demokratischen* Republik behandeln müssen. Das galt als hoch subversiv und selbstverständlich unerwünscht. Es ist dennoch zumindest in der Kunst immer wieder gelungen, unter dem Deckmantel des Antifaschismus Geschichten von Courage und Widerstand zu erzählen. Und zwar meist von Autoren und Filmemachern, die es selbst erlebt hatten. Die Begegnung mit ihren Schicksalen hat wohl mitunter zu moralischem Rigorismus geführt, zumindest bei mir. Die eigentliche Botschaft des Antifaschismus ist nicht, dass man die wenigen Mutigen verehren, sondern dass man im Leben mutig sein muss. Die «Waffen» der friedlichen Revolution haben sich letztlich folgerichtig gegen diejenigen gewendet, die einstige Ideale nicht eingelöst haben. Ohne diese verinnerlichte Zivilcourage wären Wende-Herbst und Mauerfall so nicht möglich gewesen.

Den Zusammenhang von Antifaschismus und Zivilcourage zu ergründen, wäre eine lohnende Aufgabe für die Forschung nach dem Mauerfall gewesen. Aber warum sollten sich Sieger im Moment des größten Triumphes mit so subversiven Fragen beschäftigen? Der Politikwissenschaftler Joachim Perels hat eine Erklärung gegeben, weshalb sich der Westen mit dem emanzipatorischen Aspekt des sozialistischen und kommunistischen Widerstandes so schwertut: «Starke Kräfte der politischen Opposition gegen Hitler hatten das Ziel, das privatkapitalistische System des Dritten Reiches durch eine Wirtschaftsordnung zu ersetzen, in der durch Formen demokratisch kontrollierten öffentlichen Eigentums das Wohl aller institutionell gesichert werden sollte.»[44] Das Grundgesetz setzte hier keine Schranken – aber eine solche Debatte war nun das Allerletzte, was im Moment des größten Privatisierungsfeldzuges der Geschichte angesagt war.

Über die Wirksamkeit von Verordnungen

Die Alliierten haben den gemeinsam verordneten Antifaschismus zunächst sehr ernst genommen. Auf der Potsdamer Konferenz einigten sich die Siegermächte im Sommer 1945 auf die berühmten fünf D für Deutschland: *Demilitarisierung, Denazifizierung, Demontage, Dezentralisierung und Demokratisierung*. Die Briten konzentrierten sich auf «Entbräunungskurse» für Lehrer. Die Amerikaner gingen drastischer vor. Sie zwangen die Weimarer Bevölkerung, das KZ Buchenwald zu besuchen, damit sie sah, was ihre Parteigenossen verbrochen hatten. Zu ihrer *Re-Education* gehörten etwa hundert Umerziehungsfilme. US-Militärgouverneur Lucius D. Clay war überzeugt, die Besatzung müsse mindestens eine Generation aufrechterhalten werden, um die Umerziehungsziele zu erreichen. Und Präsident Eisenhower sprach von etwa fünfzig Jahren harter Arbeit. Harte Arbeit wurde geleistet, doch kaum im Sinne eines konsequenten Antifaschismus. Schon bald störte sich niemand mehr daran, wenn hohe Ämter wieder mit Nazis aus hoher Führungsebene besetzt wurden. Skandalösestes Beispiel ist wohl Adenauers Kanzleramtsleiter Hans Globke, der mit seinen Gesetzentwürfen den reibungslosen Ablauf des Holocaust erst ermöglicht hatte.

Angesichts des exzessivsten Rassismus, den die Welt je erlebt hatte, war es ausgeschlossen, dass sich nach 1945 in großen Teilen der deutschen Bevölkerung in Ost und West kein Antisemitismus erhalten hätte. Aber in der Ostzone blieb der Antifaschismus Gesetz. Es gab wahrlich Gesetze, die fragwürdiger waren. Im Gegensatz zu anderen Verboten, die gern unterlaufen wurden, wurden die vom Antifaschismus gesetzten Tabus in der DDR weitgehend freiwillig eingehalten. Vor Synagogen mussten keine bewaffneten Polizisten stehen. Soweit bekannt, ist nie auch nur ein Jude tätlich angegriffen worden. Und undenkbar wäre das Treiben eines «Freundeskreis Deutschland für Deutsche» gewesen, der gleich nach der Wende unter Angabe seiner westdeutschen Adresse und Kontonummer auf einem Flugblatt bedauerte, dass die von ihm aufgelisteten 180 bekanntesten jüdischen

SED-Funktionäre, DDR-Intellektuelle und sogenannte Kulturschaffenden «ungeschoren» frei herumliefen.

Wie immer der in der DDR oft undifferenziert praktizierte Antifaschismus zu bewerten ist – seine sowohl tabuisierende wie auch aufklärerische Substanz war offensichtlich wirksamer als alle westdeutschen Versuche. Aus einer repräsentativen *Spiegel*-Umfrage ging 1992 hervor, dass die befragten Ostdeutschen nur zu 4 Prozent antisemitisch waren, die Westdeutschen aber zu 16 Prozent. «Durchgängig äußern sich Ostdeutsche weniger antisemitisch, rechtsradikal und ausländerfeindlich als die Westdeutschen», hieß es da.[45] Bis vor etwa fünfzehn Jahren war der Antisemitismus im Ostteil nur halb so verbreitet wie im Westteil.[46] Die Zeit ist reif, sich wieder auf die Wirksamkeit von «verordnetem» Antifaschismus zu besinnen. Denn in den letzten Jahren haben sich die Ost-Werte den westlichen angenähert – die innere Einheit in ihrer unerwünschten Form.

Unzucht mit Abhängigen

Ost-West, das Drama ohne Ende

Wenn nach Wahlen auf der Deutschlandkarte das einstige DDR-Gebiet einheitlich in AfD-Blau erstrahlt, so ist das verstörend, peinlich, bitter. Auch wenn aus der Karte nicht zu entnehmen ist, dass 70 Prozent nicht AfD gewählt haben – sie bleibt stärkste Partei. Die Erklärungen des Phänomens sind umstritten. Es gibt auch hier mindestens zwei Denkschulen. Die eine, die des Rätsels Lösung vorwiegend in der diktaturgeschädigten Bevölkerung sieht. Und da Menschen, die zumindest in ihrer Jugend politisch noch direkt vom Realsozialismus geprägt wurden, heute mindestens fünfzig Jahre sein müssen, wird der Defekt als soziales Erbgut diagnostiziert, der sich in die Gene eingeschrieben hat. Der andere Ansatz sieht den angestauten Frust vorwiegend in den repressiven Erfahrungen der nunmehr bald gleich langen, noch nicht abgeschlossenen Nachwende-Zeit.

Eine besänftigende Deutung macht die Himmelsrichtungen verantwortlich. Ost und West würden sich eben genauso unterscheiden wie Bayern und Schleswig-Holstein. Sicher gibt es selbst mentale Unterschiede zwischen Sachsen (Eierscheckengrenze) und Mecklenburgern (Fischköppe). Aber diese Zuschreibung verunklart den eigentlichen Unterschied, der mit den anhaltenden Folgen der deutschen Teilung und Vereinigung zu tun hat. Ein Riss, der durch die Welt ging. So mutet es schon merkwürdig an, die Sowjetunion-geprägten Ukrainer als Vorkämpfer für westliche «Freiheit und Demokratie» ins Feld zu schicken, während die Ostdeutschen sozialgenetisch unverbesserlich sein sollen.

Alles Faschisten oder Kommunisten

Im Fach Denunziation der DDR-Bürger haben konservative West-Eliten eine oft fanatische Meisterschaft entwickelt, die wohl unbeabsichtigt Einblicke in ihren eigenen Seelenhaushalt gewährt. Zu den letzten Aufregern gehörten im April 2023 die geleakten internen SMS des Vorstandsvorsitzenden der Axel-Springer-Verlagsgruppe Mathias Döpfner. Wirklich überraschen konnten die Enthüllungen über die Denkweise der Führung in diesem Tendenzmedium nicht. «Ossis sind entweder Kommunisten oder Faschisten», machte er aus seinem Herzen keine Mördergrube, wobei er offenließ, was schlimmer ist. Die aufgekommene Empörung war von großer Scheinheiligkeit. Denn die Ostdeutschen hatten jahrzehntelang dergleichen über sich ergehen lassen müssen, ohne dass in der westlich dominierten Öffentlichkeit jemand daran Anstoß genommen hätte. Diesmal aber war der Denunziant einer der einflussreichsten Medien-Bosse des Landes, auch langjähriger Präsident des Bundesverbandes der Digitalpublisher und Zeitungsverleger. Scheinheilig ist die

Debatte, weil sowohl die Aufregung über die Vorwürfe wie auch die Entschuldigung Döpfners unglaubwürdig waren.

Dass die Ostdeutschen allesamt geistig deformiert und deshalb demokratieuntauglich seien, war jahrelang prominent gesetzte Indoktrination. Der *Spiegel* veröffentlichte schon im Februar 1990 eine achtseitige Schmähschrift über das DDR-Bildungssystem «Erziehung zu Drill und Duckmäusertum». Wurde im Herbst noch die couragierte politische Reife der ihre Bürgerrechte erkämpfenden Ostdeutschen allseits gelobt, musste man jetzt den Eindruck gewinnen, dass Revolutionen mit Vorliebe dort ausbrechen, wo die Konzentration von Duckmäusern besonders hoch ist. Sie alle, so hieß es, hätten eine «Gehirnwäsche» durchlaufen, einen «permanenten Akt geistiger Vergewaltigung».

Zitiert wurde in dem unsignierten Artikel immer wieder der angebliche Pädagogik-Experte Johannes Niermann, der später auch in einer öffentlichen Anhörung des Bundestages seinen Auftritt hatte. In dem Gutachten beschuldigte er «die gesamte Intellegentia» (gehören Rechtschreibschwäche und Denunziation zusammen?), das «Lügengebäude» aufgebaut zu haben und attestiert, dass dies zu einer «ganz primitiven Konditionierung wie bei Tierdressuren» geführt habe. Er bedauert, dass die Peiniger nicht hinter Schloss und Riegel gesetzt wurden, stattdessen «laufen diese weiter frei herum». Mit einer dringenden Empfehlung entwickelte er missionarischen Eifer: Abiturabschlüsse seien in den neuen Bundesländern auf 10–30 Prozent zu reduzieren, dafür an den Mittel- und Realschulen Schwerpunkte wie Hauswirtschaft als Pflichtfach für Mädchen sowie Werken und Handarbeit einzuführen. Die *Berliner Zeitung* veröffentlichte eine Karikatur mit dem Kanzler in Ritterrüstung vor dem Schild «Bundesdeutsche Kohlonie!» Der Plan, Ostdeutschland zu einem minderbemittelten Agrarland ohne eigene Kapitalisten zu machen, ist weder neu noch ganz misslungen. Dazu hatte auch der Milliardär Mathias Döpfner noch wertvolle Anregungen: «Vielleicht sollte man aus der ehemaligen DDR eine Agrar- und Produktionszone mit Einheitslohn machen.»

Der Historiker Arnulf Baring, einst beliebter Talkshow-Gast, hatte in seinem Buch «Deutschland, was nun?» spürbares Vergnügen an der Herabwürdigung von DDR-Akademikern. Sie seien durch das Regime fast ein halbes Jahrhundert «verzwergt» und «verhunzt» worden. Ob sich einer dort Arzt, Ingenieur oder Pädagoge nenne, «das ist völlig egal. Sein Wissen ist über weite Strecken völlig unbrauchbar.» Die Westdeutschen könnten diesen «politisch und charakterlich Belasteten ihre Sünden vergeben», es würde nichts nutzen, denn die Ostdeutschen «haben einfach nichts gelernt, was sie in eine freie Marktwirtschaft einbringen könnten».

Der aus allen Zusammenhängen gerissene und immer wieder bemühte Adorno-Satz, es gäbe kein wahres Leben im falschen, stempelte rückwirkend handstreichartig sämtliche DDR-Leben als wertlos. Im Kontext von Eignung für Führungspositionen war die Interpretation: unwert. Das Narrativ von gut-böse und richtig-falsch blockiert bis heute einen beidseitigen Austausch. Der Molekularbiologe und DDR-Oppositionelle Jens Reich beklagte, dass in der vielbeachteten Gesellschaftsgeschichte des Historiker Hans-Ulrich Wehler Millionen Ostdeutsche «nicht als Akteure dargestellt auftreten, sondern als eine Art Schafherde». Es sei die Bürde der neuen Bundesrepublik, all die falschen Weichenstellungen nun mühselig korrigieren zu müssen, so Wehler. Dass solch plumpe Diffamierungen jetzt nur noch in privaten Tweets gewagt werden, ist zwar ein Fortschritt, zeigt aber zugleich, wie quicklebendig sie noch sind.

Lange Zeit hatte man das hinzunehmen. Und auch der öffentliche Widerspruch von West-Prominenz blieb übersichtlich. Gaus, Grass, Bahr – sie wurden dafür gescholten. Wer gar im Osten wagte, den Versimplern nachdrücklich zu widersprechen und die DDR selbstbewusst und differenziert zu schildern, wie ich in meinen Büchern, wurde des «Osttrotzes» bezichtigt und geschmäht. Gegen den Axel-Springer-Konzern habe ich ein halbes Dutzend Verleumdungsklagen geführt, weil ich in Texten des moralisierenden Hauses mit abenteuerlichen Spekulationen mal in Stasi-, mal in Nazinähe gerückt wurde. Das Schmerzensgeld, zu dem der Konzern verurteilt wurde, hat er gern aus der Portokasse bezahlt und weitergemacht. Die Lust am versuchten Disziplinieren blieb eine dauerhafte Erfahrung struktureller Gewalt. Es gab lange keine denunziationsfreien Räume für Ostdeutsche. Der Dichter Wolfgang Hilbig beschrieb die Demütigungen als «Unzucht mit Abhängigen». Und nie hat sich dafür jemand entschuldigen müssen oder wurde gar zum Rücktritt aufgefordert, wie später Döpfner. Nun wollen sich die AfD-Wähler nicht entschuldigen müssen. Und von ihrem Tun nicht zurücktreten.

Das Verdienst, Alternativen ausprobiert zu haben

Aber warum war und ist gerade die Demokratiefähigkeit der DDR-Sozialisierten so ein Reizthema? Solange sie 1989 ihre Regierung zum Rücktritt zwangen, wurden sie für ihre Gewaltlosigkeit und ihren Humor selbst von der Springer-Presse gelobt. Sobald aber ihre Vorstellungen von Demokratisierung Gefahr liefen, auch den Status quo der Bundesrepublik infrage zu stellen, hörte der Spaß auf.

Der Alt-68er Klaus Hartung lobte in der *taz* den Runden Tisch und das Kabinett Modrow für das klare Programm der Demokratisierung. «Insofern geht die Macht wirklich vom Volke aus und bleibt vor allem bei ihm – in einem Maße, wie es im ehemals freien Westen nie denkbar war und ist. Die repräsentative Demokratie, die im Grunde eine Großparteienherrschaft ist, wehrt nach wie vor alle Ansätze direkter Demokratie und Kontrolle von unten ab. In der DDR hingegen wird inzwischen selbst der innerste Repressionsbereich einer demokratischen Kontrolle von unten unterworfen.»

Zu der Zeit war ich Mitglied der ersten unabhängigen Untersuchungskommission; wir hatten das Mandat, die Verantwortlichen für die Übergriffe von Polizei und Staatssicherheit auf Demonstranten am 40. Jahrestag der DDR zu befragen. Auch wenn diese unwillig waren und blockierten, sie hatten uns Rede und Antwort zu stehen. Wir erreichten den Rücktritt des Berliner Polizeipräsidenten.

«Nicht nur Euer Land, Ost und West stecken in einer tiefen Krise», hieß es damals in einer Erklärung von wichtigen Stimmen wie Inge Aicher-Scholl, Karl Bonhoeffer, Helmut Gollwitzer, Margarethe Mitscherlich oder Heinrich Albertz. Ein Mitunterzeichner, der österreichische Futurologe Robert Jungk, flehte geradezu: «Lassen Sie sich um Gottes willen nicht von den Konzepten kapitalistischer Staaten verführen. Wenn bei uns weiter in der bisherigen Art regiert und produziert wird, stehen unvermeidlich schwere, nicht wiedergutzumachende Krisen ins Haus.»

Hatten wir gleich zu Beginn der Wendezeit die SPD mitgerissen, die auf ihrem Berliner Parteitag im Dezember 1989 ein neues Programm beschloss? «Es ist eine historische Grunderfahrung, dass Reparaturen am Kapitalismus nicht genügen. Eine neue Ordnung von Wirtschaft und Gesellschaft ist nötig.»

Ich wollte immer in einer Demokratie leben, aber nie im Kapitalismus. Das dürfte für Mathias Döpfner und seine FDP-Freunde schon hinreichend ekliger Kommunismus-Verdacht sein. Seis drum. «Die Ossis werden nie Demokraten» – an seiner Prognose ist was dran, wenn man bedenkt, dass viele eine andere Vorstellung von Demokratie hatten – nicht nur eine Worthülse à la *Bild*-Zeitung, sonders das ganz große Versprechen, das mit einem «Demokratischen Aufbruch» verbunden sein sollte. Das war die Endstation

Sehnsucht: Wohlstand durch eine Demokratie, die auch die Wirtschaft erfasst, die viele Facetten haben sollte, räte- oder basisdemokratische, jedenfalls nicht eine auf Privateigentum fixierte, kapitalistische Demokratie sein würde.

Und diese Sehnsucht war ansteckend. An der evangelisch-theologischen Fakultät der Universität Tübingen wurde eine Resolution verabschiedet: «Es ist Zeit für eine grundlegende Kritik des Kapitalismus.» Und die SPD schlägt einen Runden Tisch auch für Bonn vor. Sechs Wochen vor der Volkskammerwahl in der DDR im März 1990 sagen Umfragen ihr dort immer noch eine absolute Mehrheit voraus. *Bündnis 90* greift das größte Tabu auf, fordert eine Volksabstimmung über den Erhalt des Volkseigentums. Damals wurde begonnen, Systemfragen zu stellen – das Grundgesetz lässt dafür einigen Spielraum.

Demokratie bedeutet Machtbeschränkung. Doch die Parlamente haben ihre Macht weitgehend an die Regierung abgegeben, die Regierung hat Macht an die EU-Kommission abgegeben, diese hat Macht an die Weltbank und die Welthandelsorganisation abgegeben. Und der Wähler soll seine Stimme abgeben und sich dabei fühlen wie Hans im Glück. Er guckt in die Luft und fragt sich, welche Wahl er eigentlich hat, wenn niemand die verborgen herrschende Macht beschränkt, die des Kapitals? Nicht Pegida, sondern zuerst Christian Führer, legendärer Pfarrer der Leipziger Nikolaikirche, wollte die von ihm begründeten Montagsdemonstrationen wiederbeleben: «Eigentlich steht der zweite Teil der Revolution noch aus. Die Marktwirtschaft ist im Grunde gewalttätig. Die Diktatur der Weltanschauung wurde durch die Diktatur des Kapitals abgelöst.»

Heute haben sich die Ostdeutschen solch subversive Töne abgewöhnt, auch wegen eines weitgehend erfüllten Konsum-Versprechens. Presseerzeugnisse wie die von Mathias Döpfner haben zu Verflachung und Entpolitisierung beigetragen. Bei einer vom Mainstream geprägten Mehrheit wäre Basisdemokratie ihres Sinnes beraubt. Die einstige linke Oppositionspartei zerlegt nicht mehr die Machtverhältnisse, sondern lieber sich selbst. Rechte waren immer gut darin, ein Vakuum zu füllen. Manch westlicher Politiker zeigte sich einsichtig und versprach, die in der DDR erbrachte Lebensleistung künftig würdigen zu wollen. Aber welche denn? Das Verdienst, Alternativen ausprobiert zu haben? Nach dieser Bilanz fragt heute niemand mehr. Aber sie ist nicht nur zwischen Ost und West weiterhin offen.

In guter Verfassung?

Die Einheit wurde nicht nach dem eigentlich dafür vorgesehenen Grundgesetzartikel 146 vollzogen, was eine reine Machtentscheidung war, die wohl bis heute nachwirkt. Damals wurde verhindert, eine die wirkliche Zeitenwende widerspiegelnde Verfassung, die nach gemeinsamer Diskussion durch Volksentscheid legitimiert worden wäre, quasi als Gründungsakt einer inneren Einheit auf den Weg zu bringen. Der Hype um 75 Jahre Grundgesetz war eine pathetische Rechtfertigung des Kurses, über ostdeutsche Mitgift nach wie vor nicht nachdenken zu wollen. Das Versäumnis nunmehr dadurch heilen zu wollen, allen Deutschen ein Verfassungsmodell aus einem längst vergangenen Jahrhundert zur Abstimmung vorzulegen, über das es aber keine Diskussionen geben dürfe, ist ein besonders hilfloser, skurriler, restaurativer Vorschlag. In guter Verfassung zu sein, ist eine besondere Gunst. Das Grundgesetz ist eine ziemlich gute Verfassung. Man kann froh sein, es zu haben. Hatte ich mich angesichts der oft abweichenden Praxis zunächst als Verfassungspatriotin gesehen, hat die Einsicht in politischen Kontext später partielles Kontra bewirkt. Was ziemlich gut ist, könnte auch besser sein. Oder müsste sogar. Mitunter kommen mir Westdeutsche übertrieben selbstgenügsam vor.

Die als Provisorium für das westdeutsche Staatsfragment geplante Verfassung entstand unter Besatzungsrecht im Auftrag der westlichen Militärbehörden und trug von Anfang an deren Handschrift. Die sorgte dafür, dass das Fragment mit dem eigenen System kompatibel sein wird. Pannen wie im Dezember 1946 in der Landesverfassung Hessen sollten sich nicht wiederholen: Hier hatte die US-Militärbehörde sehr schnell darauf gedrängt, dass die Ordnung durch eine neue Verfassung wiederhergestellt wird. Sie sollte mit einem Volksentscheid angenommen werden. So weit, so gut. Die damals handelnden Politiker waren zumeist aus Widerstand und Verfolgung gekommen, sie hielten sich an den amerikanischen Fahrplan, der die Bürgerrechte vorsah, wichen aber in einem zentralen Punkt ab – bei der Wirtschaftsordnung.

In Artikel 41 wurde gefordert, dass sofort nach Inkrafttreten der Verfassung die Großindustrie in Gemeineigentum überführt wird: Bergbau, Kohle, Kali und Erze, dazu die Stahlwerke, die Energiebetriebe und das Verkehrswesen. Großbanken und die Versicherungen sollten unter staatliche Verwaltung genommen werden.

Westalliierte unterbanden Streit um die Wirtschaftsordnung

Die US-Besatzungsmacht war entsetzt. Aber der angekündigte Volksentscheid konnte nicht mehr rückgängig gemacht werden. So ordneten sie als Ausweg an, neben der Abstimmung über die Verfassung über Artikel 41 gesondert abzustimmen. In der irrigen Annahme, so viel Sozialismus werde schon keine Mehrheit finden. Am 1. Dezember 1946 stimmten 72 Prozent der Hessen für die Enteignung der Großindustrie. Die hessischen Bürger hatten sich für eine wahrhafte Volksverfassung entschieden. Damit entsprachen sie dem übergroßen Willen aller Deutschen. Wo immer es im selben Jahr Volksentscheide zur gleichen Frage gab, ob in Berlin, Nordrhein-Westfalen oder Sachsen, stimmten zwischen 70 und fast 80 Prozent für Gemeineigentum an der Großindustrie. Oft war noch die Enteignung von Kriegsverbrechern und Großgrundbesitzern vorgesehen. Die an der Spitze der gesellschaftlichen Pyramide hatten ihr Eigentum im Ganzen erhalten, und manche hatten es gemehrt, alle anderen waren zu Millionen um ihr Eigentum gebracht. Die Leute waren sicher nicht übers Jahr zu Antifaschisten oder gar Sozialisten geworden, aber sie fühlten sich wohl betrogen und wollten die Schuldigen und deren Eigentumsbasis nicht davonkommen lassen.

Das Entsetzen der Westalliierten steigerte sich. Es soll zu hektischen Beratungen in Washington gekommen sein. Im Ergebnis wurde der Volkswille unterlaufen und die Sozialisierung mit allen Mitteln verhindert. Wenn nicht durch direktes Verbot, so durch den Erlass von Ausführungsgesetzen, die alles blockierten. Gelang die Enteignung in Einzelfällen doch, soll es Abfindungen in Millionenhöhe gegeben haben, mit denen man sich schnell wieder auf dem Markt einkaufen konnte. Was offenbar völlig aus der Erinnerung getilgt wurde, ist die historische Tatsache, dass die Westdeutschen diesen Demokratiebetrug keineswegs widerstandslos hinnahmen.

Im Oktober 1948 rief die Stuttgarter Gewerkschaftsleitung zu einer Protestkundgebung gegen die Politik des Frankfurter Wirtschaftsrates unter Ludwig Erhard auf, an der Zehntausende aus den Großbetrieben von Bosch und Daimler teilnahmen. Die Absetzung des «Wirtschaftsdiktators» Erhard wurde gefordert, der für unsoziale Bestimmungen in der Währungsreform und Verringerung des Realeinkommens verantwortlich gemacht wurde. In der Innenstadt kam es zu einem Aufruhr, der von der US-Besatzungsmacht mit Tränengas, berittener Polizei und einer Panzerformation niedergeschlagen wurde. Am Abend hatte das Zentrum ein «kriegsähnliches Aussehen», wie die Zeitungen schrieben, Rädelsführer wurden verhaftet und im Raum Stuttgart der Ausnahmezustand verhängt. Der Militärgouverneur Charles LaFolette machte eingedrungene «sächsische Kommunisten» für den Aufruhr verantwortlich. Warum weiß von all dem heute selbst in Stuttgart niemand mehr?

Der bizonale Gewerkschaftsrat nutzte die allgemeine Empörung und rief für den 12. November zum vierundzwanzigstündigen Generalstreik gegen die Politik des Wirtschaftsrates und der Besatzungsmächte auf. Er hatte dafür nach internen Absprachen sogar die inoffizielle Genehmigung der Militärbehörden, die sich eine Ventilwirkung versprachen. Doch die Wut war so groß, dass es der größte Massenstreik seit der Weltwirtschaftskrise wurde – mehr als neun Millionen Arbeiter beteiligten sich.

Zu den Forderungen des ersten und letzten Generalstreiks im Nachkriegsdeutschland gehörten nicht die Erhöhung der Löhne, wohl aber die Überführung der Grundstoffindustrie in Gemeineigentum sowie die Demokratisierung und Planung der Wirtschaft. Ein mutiger Widerstand, an den keinerlei Gedenkkultur erinnert und der heute vergessen ist. Obwohl anteilmäßig an diesem Protest sehr viel mehr teilnahmen als beim Arbeiteraufstand des 17. Juni in der DDR.

In dieser Nachkriegszeit war durchaus noch offen, zu welcher Ordnung sich ein geteiltes oder gar vereintes Deutschland entwickeln würde. Doch genau dieser Streit wurde von den Alliierten unterbunden, er durfte nicht mit demokratischen Mitteln ausgetragen werden – auf keiner Seite.

Kampfplatz Geschichtsschreibung: 17. Juni 1953

Die Abschweifung sei erlaubt: Auch der 17. Juni war von Anfang an ein Kampfplatz der Geschichtsschreibung in Ost und West. Was aus der Erinnerung gelöscht ist: Von April bis Anfang Juni 1953 streikten die Bauarbeiter Westberlins immer wieder für höhere Löhne. Haben die wiederholten Berichte der *Berliner Zeitung* darüber womöglich die Kollegen in Ostberlin ermutigt? Im «Arbeiter- und Bauernstaat» gab es gar kein Streikrecht, weil die Werktätigen in den volkseigenen Betrieben angeblich nicht gegen sich selber streiken konnten. Umso kopfloser war das völlig verfehlte Krisenmanagement, als es doch geschah. Dennoch sei angesichts der jetzigen Russophobie daran erinnert, dass der Mythos vom «durch die sowjetische Armee brutal und blutig niedergeschlagenen» Aufstand von Anfang an ein Fake war. Sicher, allein die Präsenz der Panzer war ein einschüchterndes Symbol von Gewalt. Stark genug, um den Aufstand zu unterdrücken. Doch das suggerierte Bild, wonach die friedlichen Demonstranten nach «chinesischer Lösung» zusammengeschossen wurden, ist falsch. Mein Faktenscheck in der Forschungsabteilung im damaligen Haus für die Stasi-Unterlagen ergab: Die sowjetischen Panzer hatten strengen Befehl, nicht zu schießen. Daran haben sie sich auch gehalten. Das ist den aufgebrachten Demonstranten auch schnell aufgefallen. Eher sind die in den Luken stehenden jungen Panzerfahrer mit Steinen und Latten angegriffen worden, als dass diese Gewalt angewendet hätten. Ihre einschüchternde Wirkung hatte Grenzen. Während des gesamten Aufstandes ist kein einziger Mensch durch die Gewalt eines Panzers ums Leben gekommen. Es soll einen Unfall gegeben haben, bei dem ein Panzer in eine Baugrube gerutscht ist und dabei jemanden erdrückt hat.

Über die genauen Umstände der beidseitig 55 Todesopfer des Aufstandes ist erstaunlich wenig bekannt. Scharfschützen wie auf dem Maidan hat es jedenfalls nicht gegeben. Immerhin sind über 250 öffentliche Gebäude erstürmt worden, darunter Dienststellen der Polizei, der Staatssicherheit und der SED. Aus zwölf Gefängnissen wurden 1400 Häftlinge befreit. Diese Aktionen waren oft beiderseits von gewaltsamen, bewaffneten Prügeleien begleitet. Bei offenen Grenzen konnte der Rias die Informationshoheit übernehmen, weil es dem DDR-Radio mal wieder die Sprache verschlagen hatte.

Eigentumsfragen waren von Anfang an ein Grund des Auseinanderlebens. Wolfgang Leonhard hat im Mai 1945 auf einer internen Sitzung sehr glaubhaft Walter Ulbricht sagen hören: «Es muss demokratisch aussehen, aber wir müssen alles in der Hand haben.» Die Nachkriegspolitik der westlichen Besatzungsmächte hat allerdings gezeigt, dass in deren internen Sitzungen derselbe Satz gefallen sein muss. Denn auch hier wurde der in Massenstreiks und Volksabstimmungen recht eindeutig bekundete Wille missachtet. Nur acht Monate nach dem Generalstreik wurden dessen Ziele beim Verfassungskonvent auf Herrenchiemsee gehorsam unterlaufen.

Das politische Streikrecht kam nach der gemachten

Erfahrung nicht ins Grundgesetz, und die sozialen UN-Menschenrechte blieben defizitär. Das sicher gut gemeinte Sozialstaatsprinzip ist unkonkret. Die in Art. 51 immerhin angebotene Option Gemeineigentum blieb ein leeres Versprechen, das bis heute durch Erlass blockierender Ausführungsgesetze kein einziges Mal in Anspruch genommen werden konnte. Auch weil der über viele Jahre gewachsene Wohlstand dafür angeblich keinen Grund mehr bot.

Runder Tisch: Hier wurde begonnen, Systemfragen zu stellen

Das änderte sich, als sich auf dem überstürzten Gang zur deutschen Einheit nicht nur die DDR-Bürgerbewegung für den Schutz des Volkseigentums einsetzte. Der Runde Tisch beauftragte Ost- und West-Experten, eine Übergangsverfassung für die DDR zu entwerfen, die auch bei einer Vereinigung nach Art. 146 GG Beachtung finden würde. Angesichts der unsicheren Lage war Eile geboten – das einzig Beständige war die Zahl der Übersiedler aus der DDR, die durch Lockangebote aus dem Westen noch ermutigt wurden. Doch der Grundgesetzentwurf auf Herrenchiemsee ist auch in dreizehn Tagen verfasst worden.

Sechs Wochen vor der Volkskammerwahl im März 1990 sagen Umfragen der SPD immer noch eine absolute Mehrheit voraus. Auch Kanzler Kohls Versprechen der schnellen D-Mark hat *nicht* den Umschwung gebracht. SPD-Genossin

Anke Martini findet, dass die Ostdeutschen den nötigen Antworten schon nähergekommen sind «als wir Westler, die wir unser System so wenig infrage zu stellen gewohnt sind». Die Forderung nach einer Volksabstimmung über den Erhalt des Volkseigentums stand noch im Raum. Das war eine brenzlige Situation für die regierende CDU; hier wurde begonnen, Systemfragen zu stellen.

Jetzt konnte die CDU das Ruder nur noch herumreißen, wenn sie auf die ganz große Pauke haut. DDR-Medien, die sich zum allgemeinen Erstaunen schnell von Zensur emanzipiert hatten und deren Sender im Osten eine höhere Sehbeteiligung erreichten als die westlichen, waren frei erfundenen Räuberpistolen des Boulevards noch nicht gewachsen. Sie erlebten erstmalig, wie ein von privaten Medien genährter Manipulationsapparat eine Mehrheitsmeinung in kürzester Zeit ins Gegenteil verkehrt, wie ich in dem Buch «Tamtam und Tabu» detailgetreu nachgewiesen habe. Eine ihrer Strategien war, den Volkszorn zu schüren, indem DDR-Politikern von *Bild*, aber auch vom *Spiegel* und anderen angedichtet wurde, sie hätten für sich auf Staatskosten Luxusgüter angehäuft, von Brillanten bis zu Jaguars – das waren reine Fakes. Der *Spiegel* frohlockte, dass diese Berichte in der DDR Furore machten, tausendfach fotokopiert in Betrieben ausgehängt zur «Volkslektüre» wurden.

Volkszorn, Panik, Hysterie: Psychologisch unfreie Wahlen

Noch wirksamer aber war die Strategie, die wie ein Blitz einschlug und alle Ängste entflammte: Kohls engster Berater Horst Teltschik behauptete auf einer Pressekonferenz, der Kollaps der DDR-Wirtschaft stünde unmittelbar bevor, was völlige Zahlungsunfähigkeit in wenigen Tagen bedeute. *Bild* brachte es auf das populistische Fazit: Die Wirtschaft der DDR hängt am Tropf, sie braucht die Transfusion der D-Mark. Die sofort erhobenen Stimmen westdeutscher Banker, wonach es sich um durchsichtige Bankrott-Gerüchte handele, kamen in den Medien kaum vor. Damit dieser Unsinn geglaubt wird, behauptete *Bild*, der Vorsitzende der Ost-CDU, Lothar de Maizière, habe den Bankrott bestätigt. Dessen Dementi, wonach ihm dergleichen nicht bekannt sei, erwähnten die West-Medien auch nicht. Stattdessen legte der *Spiegel* Ministerpräsident Hans Modrow frei erfundene wörtliche Zitate in den Mund: «Wir sind am Ende. Unser Geld reicht noch bis Mitte des Jahres.» Die Angstkampagnen lösten Panik und Hysterie aus. Erst daraufhin habe Kohl beschlossen, die Währungsunion sofort vorzubereiten, «koste es, was es wolle».

Der Kanzler umgarnte die DDR-Wähler zwei Tage später im ZDF mit einem Versprechen, das einzuhalten er nie beabsichtigte: Man werde eine neue Verfassung schaffen, die Bewährtes von beiden Seiten übernimmt. «Es gibt auch Entwicklungen in der DDR in diesen vierzig Jahren, die es sich lohnt anzusehen. Ich bin ganz und gar dagegen, eine Position einzunehmen, die auf Anschluss hinausgeht.»

Halb ruhiggestellt, halb geschockt und verängstigt, nahmen die Wähler jetzt das Versprechen der D-Mark als Messias an. Dass sie einem neuen «Lügengebäude» erlegen waren und nunmehr jede Reformidee aufgekauft werden konnte, merkten sie erst nach und nach.

Eine Woche vor der Wahl tagte die Führungsspitze von CDU/CSU schon besitzergreifend in der DDR und pries Art. 23 als einzigen Ausweg. Der bayerische Ministerpräsident Max Streibl erpresste: die DDR bekäme nur Geld, wenn sie CSU-nahe Parteien wähle. Die Leute mussten glauben, sie könnten ihren Besitzstand nur wahren, wenn sie erst einmal die Kräfte des Geldes wählten.

Dass die konservative Allianz für Deutschland die Wahlen deutlich gewann, wurde von den siegreichen West-Medien sofort als Beweis interpretiert, dass ihre einst Brüder und Schwestern Genannten nichts anderes wollten, als schnellstmöglich wie im Westen zu leben. Doch das war nur die halbe Wahrheit. Nicht nur die erste repräsentative Umfrage nach der Wahl belegte etwas anderes: So gut wie alle waren für die Einheit, aber 83 Prozent lehnten immer noch einen schnellen und bedingungslosen Beitritt ab. Beide Regierungen sollten gleichberechtigt auf das Wie der Einheit Einfluss nehmen. Sie wünschten, das Ergebnis durch eine Volksabstimmung zu überprüfen. Nicht nur Ampel- und Sandmännchen sollten erhalten bleiben, sondern die Kernsubstanz der DDR – das Volkseigentum. 68 Prozent sprachen sich immer noch dafür aus.[30] Es war ihnen offenbar bewusst, dass da eine Lebensleistung ist, die man nicht einfach verschenken kann. Insbesondere, wenn man anderes Eigentum nicht hat. Ludwig Erhard kannte die Spielregel seines Systems: «Nur Eigentum gewährleistet persönliche Sicherheit und geistige Unabhängigkeit.» Der eigentliche Wunsch bestand bis zuletzt darin, Eigenes in die Einheit einzubringen.

Ein modernisiertes Grundgesetz

Am 4. April wurde der Verfassungsentwurf des Runden Tisches der neu gewählten Volkskammer übergeben. Der Entwurf war ein modernisiertes Grundgesetz. Die Präambel kam ohne Gott aus und beschrieb die deutsche Einheit als Teil der europäischen. Der Grundrechtekatalog war deutlich umfangreicher. Das auf Gemeinwohl orientierte Denken zeigte sich im Recht auf Arbeit und Wohnung. Frauen wurden bessergestellt, Benachteiligung wegen Alter, Behinderung oder sexueller Orientierung verboten. Der Schutz der Umwelt, einschließlich der Haftung für Schäden, war ein neuer Schwerpunkt. Die Bürger wurden besser in die Entscheidungsfindung einbezogen. Volksgesetzgebung griff den Demokratisierungsdruck der Wendezeit auf. Öffentliches und genossenschaftliches Eigentum wurde gefördert, eine Regelung zum Übergang von Volkseigentum ins Privatrecht gab es noch nicht, was eine Fehlstelle war. Alles in allem hätte diese Initiative die Aufmerksamkeit des Parlaments verdient gehabt.

Diese Volkskammer wird gewöhnlich mit der Zuschreibung «erste frei gewählte» geadelt. Doch Freiheit – an so viel sei im Kant-Jahr erinnert – hat neben der formalen auch eine psychologische und eine praktische Dimension. Das Wahlergebnis war einem Diktat aus bundesdeutscher Desinformation, Zermürbung und Erpressung geschuldet. Die Wahlen waren formal frei, aber nicht psychologisch. Weder für die Wähler noch für die Gewählten.

Der Jurist und Schriftsteller Bernhard Schlink, der an dem Verfassungsentwurf beteiligt war, schilderte, wie die Bonner Ministerialbeamten darauf mit der gequälten Geduld, wie sie uneinsichtigen Kindern gilt, reagierten und belehrten, das komme alles nicht infrage. Und wie die neuen DDR-Verantwortlichen auf deren Linie schwenkten. Am 26. April 1990 beschloss die Volkskammer, den Entwurf nicht zur Beratung an den Verfassungsausschuss zu überweisen und stattdessen nach Art. 23 beizutreten. Der Bundestag in Bonn sah schon gar keinen Grund, sich mit neuen Ideen für künftige Gemeinsamkeit zu befassen. Damit war der Versuch gescheitert, den DDR-Unterhändlern für die bevorstehenden Verhandlungen zur Einheit eine verfassungsrechtliche Bindung mitzugeben, die sie vor Überrumpelung bewahrt hätte. Auch formal frei Gewählte bieten keine Gewähr, nicht schwerwiegende Fehler zu machen.

Doch die revolutionären Impulse hatten längst auch Teile der linksliberalen West-Elite ergriffen. Sie brachten den «gestreckten Art. 23» ins Gespräch. Erst Beitritt, dann in Ruhe gemeinsame Verfassungsgebung. Wer erinnert sich noch? Im

September 1990 hielt als erste gesamtdeutsche Bürgerinitiative das «Kuratorium für einen demokratisch verfassten Bund deutscher Länder» in Weimar seinen Gründungskongress ab. 200 Juristen und Vertreter von Wissenschaft, Politik und Kultur griffen die Verfassung des Runden Tisches auf, um sie weiterzuentwickeln. Darunter Jürgen Habermas, Otto Schily, Bärbel Bohley oder Rosemarie Will und Ulrich K. Preuß, der warb: «Eine Gesellschaft, die sich selbst eine Verfassung gegeben hat, ist politisch intelligenter, wacher und über sich selbst aufgeklärter.» Über 2000 Bürger machten Vorschläge.

Die politische Klasse begleitete die Initiative mit Argwohn. Im Mai 1991 versicherte CDU-Innenminister Wolfgang Schäuble im Bundestag, eine Verfassungsneuschöpfung werde es mit der CDU nicht geben, auch keinen Umbau und keine Totalrevision. Im Juni wurde die überarbeitete Verfassung dennoch in der Frankfurter Paulskirche vorgestellt. Sie hatte vieles vom Runden Tisch bewahrt und fortgeschrieben. Aber sie ging noch mutiger auf Schwächen der eignen Ordnung ein. Sie forderte eine umfassende Friedenspflicht des Staates, einschließlich Abrüstungsverpflichtung und Waffenexportverbot. Neben Gesetzentwürfen sollten Verordnungen genauso zustimmungspflichtig sein, um auch auf dieser Ebene nicht mehr am Parlament vorbeiregieren zu können. In einer zugehörigen Denkschrift hieß es, der Ohnmacht des Parlaments müsse als Gefahr für die Demokratie vorgebeugt werden. Die Beschränkung auf repräsentativen Parlamentarismus werde dem zunehmenden Bedürfnis der Bürger nach Teilhabe nicht mehr gerecht. Das politische System müsse für neue Inhalte und Politik-Formen geöffnet werden, um politisches Engagement zu fördern und Auseinandersetzungen der Menschen über sie selbst betreffende Fragen zu stärken.

Die CDU-Regierung und konservative Leitmedien reagierten harsch. Soziale Grundrechte seien als Eingriffe in Freiheitsrechte abzulehnen. Es sei geradezu grotesk, dass das Grundgesetz geändert werden solle, nachdem es sich der sozialistischen Gesellschaftsform als überlegen erwiesen habe. Die Siegerpose hatte jegliche Nachdenklichkeit abgeworfen. In dieser selbstgerechten Grundstimmung bestand die Gefahr, dass eine Verfassungsänderung nur Verschlechterung brachte. Auch das Kuratorium war gescheitert.

In der Praxis scheiterte unterdessen der schnelle Beitritt. Die Zahl der Übersiedler war nach Einführung der D-Mark höher denn je. Nach repräsentativen Erhebungen demonstrierten zwischen 1990 und 1994 in Ostdeutschland drei Millionen Menschen gegen Entlassungen und Ungleichbehandlung – doppelt so viele wie bei der «friedlichen Revolution» – doch sie wurden ignoriert.

Das machtversessene Wegfegen der Bemühungen um einen auch verfassungsrechtlichen Neuanfang war viel mehr als eine vertane Chance. Es war Pflichtvergessenheit gegenüber einem sich ausbreitenden Ohnmachtsgefühl von Bürgern, die zu dem sofort einsetzenden Rechtsruck beigetragen hat, zu Frust, Hass, Gewalttätigkeit und Verachtung der repräsentativen Demokratie. Es war organisierte Verantwortungslosigkeit der Mächtigen.

Der Ostdeutsche, das unbekannte Wesen

Eine fortgesetzte Debatte

Eine Generation später, so wäre zu erwarten gewesen, hätten die Verspannungen ausgewachsen sein müssen. Die jungen Leader von heute haben die Wendewirren nicht mehr bewusst erlebt. Aber nein, die Unterschiede verfestigen sich, gerade auch unter den Nachwachsenden. Der Soziologe Steffen Mau spricht von Ossifikation, von Verstetigung der Ost-Identität.[31] (Ich habe mit dem Begriff Identität immer Probleme. Kein denkender Mensch ist mit einem anderen denkenden Menschen identisch. Ich spreche lieber von Ost-Mentalität.)

Gemeint ist die zunehmende Bewusstheit eines Kollektivschicksals, verbunden durch erfahrene Gemeinsamkeiten wie das Gefühl der gesellschaftlichen Zweitklassigkeit, aber auch wachsenden Selbstbewusstseins. Alles, was diesem Wertgefühl auf die Beine hilft, ist nur zu begrüßen, um die immer noch nicht aufgegebene Hoffnung auf künftige gleichberechtigte Teilhabe zu nähren.

Die durch neue Bücher ausgelöste Ost-Debatte ist erfreulich, folgerichtig und notwendig. Ich empfinde sie auch als entspannter als vor 25 Jahren. Als die Verantwortlichen alle noch dabei waren, als der Treuhandchef Detlev Rohwedder seine Erwägungen, die volkseigenen DDR-Betriebe zu sozialisieren, mit dem Leben bezahlen musste; als die Kali-Kumpel von Bischofferode und die PDS-Spitze in den Hungerstreik traten und Gregor Gysi jahrelang mit nicht zu beweisenden IM-Vorwürfen gejagt wurde; als ich mich mit acht Verleumdungsklagen gegen die Springer-Presse erwehrte und zum 20. Jahrestag der Einheit im *Stern* sechs Seiten lang mit dem damaligen Innenminister Schäuble stritt, da wurde mit viel härteren Bandagen Maß genommen. Wie viel Courage einem damals abverlangt wurde, ist weitgehend vergessen. Auch von mir.

Zufällig fiel mir jetzt wieder ein dreiseitiges *taz*-Porträt in die Hände[32], in dem eine solche Episode anschaulich geschildert wird. Ich erlaube mir zu zitieren: «Roman Herzog schweigt. Lord Dahrendorf schüttelt verständnislos den Kopf. Horst Teltschik ist sauer. Sie haben sich zusammen mit anderen hochkarätigen Politikern, Wissenschaftlern und Künstlern im Berliner Schloss Bellevue zum 110. Bergedorfer Gesprächskreis versammelt, um über Wege aus der blockierten Gesellschaft zu diskutieren – und die Einzige aus dem Osten in dieser Runde hält dem Westen seine Versäumnisse vor. Daniela Dahn ist nicht gerade dabei, sich beliebt zu machen. Mit der Unnachsichtigkeit einer Staatsanwältin zählt sie Fehler um Fehler auf, die bei der deutschen Vereinigung gemacht worden sind … Fast jeder ihrer Sätze hört sich in dieser noblen Umgebung wie eine Provokation an: Die Währungsunion hatte die Wirkung einer ökonomischen Atombombe. Ostdeutschland ist heute viel bankrotter und höher verschuldet, als es die DDR jemals war. Im Osten haben sich Bedingungen etabliert, die die Menschen dort eindeutig benachteiligen. Daniela Dahn zitiert Umfragen, nach denen sich heute gerade 9 Prozent der Ostdeutschen als vollwertige Bundesbürger fühlen. ‹Ich selbst›, fügt sie an, ‹zähle mich übrigens dazu›.»

Alle fielen über mich her, wird die Szene beschrieben; nur der Gastgeber der Runde, Altbundespräsident Richard von Weizsäcker, schlichtete. Man möge mir doch zuhören, «wenn es darum geht, zu erfahren, wo vielen Ostdeutschen heute der Schuh drückt». Der *taz*-Autor Jens König fragt, ob ostdeutsche Stimmen so sein müssen, wie der Westen denkt, dass der Osten ist. «Sind sie gar eine Erfindung des Westens?» Überrascht lese ich, wie ich damals mir zugeschriebene Rollenbilder von mir gewiesen habe. «Stimme des Ostens», oder gar «ostdeutsche Jeanne d'Arc». Ich spiele keine Rollen, und eine Stimme von irgendwem sei ich schon gar nicht. «Ich bin ich.»

Doch, da erkenne ich mich wieder. Wenig später entbrannte die wochenlange Diskussion über meine von der PDS vorgeschlagene Kandidatur als Laienrichterin am Brandenburger Verfassungsgericht. Nachdem anfänglich alle Fraktionen zugestimmt hatten, wurde man auf einen Essay aufmerksam, der zuvor in der *Frankfurter Rundschau* erschienen war und in dem ich mir erlaubte, ein geschichtsvergessenes Urteil eines bundesdeutschen Gerichts zu kritisieren. Er hatte nur Zustimmung gefunden. Aber jetzt, wo es um die Eignung für ein Richteramt ging, war ich zu weit gegangen. Die vom damaligen Brandenburger Justizminister Hans Otto Bräutigam geäußerten Zweifel an meiner Verfassungstreue waren ausschlaggebend, die Mehrheit der Abgeordneten umzustimmen.

Aber, und das sei allen Zögerlichen auf den Weg gegeben: Wer berechtigt kritisiert, erfährt immer auch Solidarität. Und zwar quer durch die Ost-West-Fronten. Ein Verfassungsrichter ließ wissen, sie hätten das nicht so verbissen gesehen, sie wären schon mit mir klargekommen. Hochangesehene Persönlichkeiten baten in einem offenen Brief, die Entscheidung zu überdenken, da sie auf der Grundlage der Missdeutung meines Textes getroffen wurde, darunter Westler wie Egon Bahr, Erhard Eppler, Günter Gaus, Günter Grass, Walter Jens, Bodo Ramelow, Klaus Staeck und Günter Wallraff. Der Rechtshistoriker Uwe Wesel verteidigte mich und ließ eine Dissertation zu meinen Thesen schreiben. Die Tucholsky-Gesellschaft verlieh mir einen Preis (Presse: Tucholsky würde sich im Grab umdrehen). Und mein Rowohlt Verlag dokumentierte den ganzen Vorgang in einem Taschenbuch und fragte im Klappentext: Wie geht die neue deutsche Republik mit ihren kritischen Köpfen um? Was geschieht ihnen, wenn sie nicht auf intellektuellen Spielwiesen verharren, sondern mitgestalten wollen, gar in die Nähe eines Amtes innerhalb des Systems staatlicher Gewaltenteilung kommen?

Wenn Steffen Mau heute dem Buch des Germanisten Dirk Oschmann vorwirft, die Probleme im Osten einseitig zu der These einer «dreißigjährige(n) Geschichte individueller und kollektiver Diffamierung, Diskreditierung, Verhöhnung und eiskalter Ausbootung»[33] zu vergröbern, so fand ich es doch von Anfang an wichtig, dass Ostler sich mit all den Angriffen nicht alleinlassen und auch die betreffenden Westler nicht mit ihren Sünden. Ob allerdings die «gravierende Unterrepräsentanz Ostdeutscher in gesellschaftlichen Spitzenpositionen» das Hauptproblem ist, wie Oschmann nicht müde wird zu betonen, wage ich zu bezweifeln. Eine Spitzenposition ist noch keine Garantie dafür, dass man was zu sagen hat. Was die ostdeutschen Unterhändler beim Einigungsvertrag anschaulich demonstriert haben. Mir scheint das durch diesen Vertrag verschärfte, fast irreparable ökonomische Ungleichgewicht ursächlicher zu sein. Zu Angela Merkels Verdiensten gehört, die CDU zivilisiert, aber sicher nicht, sich für den Osten starkgemacht zu haben. Mir war immer wichtiger, was jemand für eine Politik macht, als wo er herkommt.

Seine berechtigte Wut stellt Oschmann entwaffnend ehrlich und nachvollziehbar dar und spart auch die ökonomischen Folgen der Einheitsfehler nicht aus, die letztlich die Freiheit der Ostdeutschen einschränken. Dennoch bleibt der widersprüchliche Eindruck, das Ziel sei, die Ostdeutschen endlich gleichberechtigt im Status quo ankommen zu lassen, nicht, sie zu ermutigen, diesen Status verändern zu wollen. Der Begriff Kapitalismus kommt, soweit ich das wahrgenommen habe, nur in einer Fußnote vor. Dirk Oschmann beschreibt vielmehr seine Verärgerung darüber, dass man dreißig Jahre lang alle Anpassungsleistungen erbracht, sogar die Herkunft verleugnet hat, so gern dazu gehören wollte und verdammt noch mal immer noch nicht gleichwertig behandelt wird. Das trifft offensichtlich die Gefühlslage vieler Menschen – meine nicht.

Mir gefielen scharfe Zungen aus dem Westen oft besser als untätige «Jammerossis». George Soros: «Der heftige Marktfundamentalismus ist eine wesentlich größere Bedrohung für die offene Gesellschaft als jede totalitäre Ideologie.»[34] Wenn ich bei meinem Engagement für einen «Demokratischen Aufbruch» blieb, dann mit dem offenen Visier einer Ostdeutschen. «Ein Report, der die Spaltung dieses Landes wie kaum ein anderer dokumentiert», schrieb der *Tagesspiegel*[35] zu meinem Buch «Wir bleiben hier oder Wem gehört der Osten» und fragte nach meiner Motivation. «Mir ging es darum, ganz grundsätzliche Fragen an die Demokratie und diesen Rechtsstaat zu stellen, aus östlicher Sicht», erklärte ich. Ist es unbillig, diese Erwartung auch an die heutige Debatte zu richten?

Am Anfang war es ein Herzenswunsch, dafür auch eigene Versäumnisse zu thematisieren, wie ich es in meinem frühen Text «Wir Zettelfalter» versucht habe oder mit meiner Tätigkeit in der ersten unabhängigen Untersuchungskommission der DDR. Später ist vielen von uns auch das Bedürfnis, die eigene Geschichte aufzuarbeiten, ausgetrieben worden: als die Stasiunterlagen-Behörde der teuerste und größte Arbeitgeber in den neuen Bundesländern wurde, Enquetekommissionen des Bundestages und andere hochdotierte Stiftungen das staatlich verordnete DDR-Bild auf Repressionsgeschichte verengten. Diese Einseitigkeit kam uns bekannt vor, da war Gegenwehr geboten.

Zumal schon die Idee einer einseitigen Notwendigkeit der Geschichtsaufarbeitung fragwürdig ist. Sicher, jetzt waren auf der einen Seite Archive und Aktenberge zugänglich geworden, die vieles zu präzisieren erlaubten. Speziell bei der politischen Strafjustiz und der Stasi-Obsession oft auf erschreckende Weise, aber bei anderen Themen gab es auch differenzierende, beruhigende Einsichten. Obwohl nun die geheimsten der geheimen Verschlusssachen vor aller Welt ausgebreitet dalagen, waren Enthüllungen à la Assange oder Snowden nicht dabei. Es wäre naheliegend gewesen, die Geschichte der deutschen Teilung nun endlich parallel zu erzählen, wozu die von der Bürgerbewegung geforderte Öffnung vieler Akten auch auf der westlichen Seite gehört hätte ...

Wer eine andere Biografie hat, ist anders

Die neue Debatte einer teilweise neuen Generation hat einen offensiven Habitus, sie differenziert wohltuend, ist aber politisch letztlich defensiv. Der Osten muss angeblich desinfiziert werden, um aus der Schmuddelecke zu kommen. Aber den Schmuddelecken des Westens will man nicht zu nahe treten. Das scheint der Diskursrahmen zu sein, der derzeit vor sich selbst und der Öffentlichkeit verteidigt werden kann. Dabei geht es, man sieht sich genötigt, das Selbstverständliche zu betonen, nicht um das verpönte Aufrechnen, sondern um das Festhalten an der hier wiederholt bekräftigten Erkenntnis, wonach *alles, was geschieht, nur eine Fortsetzung der Reihe und kein Anfang ist.* Steffen Mau verweist zu Recht darauf, dass die, wie ich es nenne, Mentalität der Ostdeutschen nicht erst durch die kollektive Herabsetzung durch den Westen geformt wurde – sondern dass wir anders sind, weil wir eine Biografie mit anderen Erfahrungen haben.

Dabei ignoriert er allerdings jegliche negativ prägende Einwirkung aus dem Westen: «Einen ‹Ossismus› als gruppenbezogene Diskriminierung gibt es bis auf wenige Ausnahmen nicht.» Das ist ein kolossaler Irrtum. Die gruppenbezogene Diskriminierung im Zuge der Vereinigung war flächendeckend. Und damit meine ich nicht das leidige Herabsetzen und Stigmatisieren, das ja in bester Absicht geschah: mit den Roten nicht noch einmal den Fehler zu begehen, den man nach 1945 mit der NS-Elite begangen hatte, nämlich sie zu verschonen. Dieser nachholende ideologische Klassenkampf war von der freiheitlich-demokratischen Grundordnung nicht nur gedeckt, sondern eigentlich gefordert.

Was aber von der FDGO nicht gedeckt ist: das Sonderrecht Ost. Die beigetretenen DDR-Bürger waren und sind teilweise immer noch vor dem Gesetz gegenüber den Westdeutschen nicht gleich. Ich staune immer wieder, wie wenig sich Gesellschaftswissenschaftler um das Rechtswesen kümmern. Und umgekehrt. Das sind zwei nebeneinanderher existierende Bereiche, die sich kaum wahrnehmen. Obwohl das Gesetz doch der eigentliche Ausdruck der Herrschaft ist, der wir uns freiwillig unterzuordnen haben. Deshalb habe ich mich immer besonders für das Rechtswesen interessiert.

Zumal offensichtlich auch bei Gesetzgebern die Vernunft schlafen kann.

Verfassungswidrige Verfassung

Anders kann man es nicht interpretieren, wenn für Ostdeutsche das heilige Rückwirkungsverbot aufgehoben wurde. Das betraf zwar wenige, hat aber viele eingeschüchtert. Oder wenn jahrelang sogar die Gültigkeit eines Artikels des Grundgesetzes für sie außer Kraft gesetzt war. In meiner Beck-Texte-Grundgesetzfassung, 35. neu bearbeitete Auflage vom 15. 8. 1998, steht unter Artikel 131 die Fußnote: *Für das Gebiet der ehem. DDR gilt Art. 131 gem. Einigungsvertrag vorerst nicht.* Natürlich galt die Einschränkung nicht dem Gebiet, sondern den Menschen darin. Und da alle Menschen vor dem Gesetz gleich sind (Art. 3), war der Zusatz verfassungswidrig. Erklärt wurde diese Ungleichbehandlung nie.

Der 131er ist der umstrittenste Artikel des Grundgesetzes, er gilt in der Geschichte der Bundesrepublik als Schlüsselereignis, denn er beauftragt den Gesetzgeber, die Rechtsverhältnisse der NS-Führungskreise, die «bisher nicht oder nicht in ihrer früheren Stellung entsprechend verwendet werden», zu klären. Wer die Machtverhältnisse der frühen Bundesrepublik kennt, weiß, wie das zu verstehen war, nämlich als «Unterbringungspflicht» mit gesetzlichem Anspruch. Konrad Adenauer konnte nur Kanzler werden, indem er dem Vorsitzenden der mitregierenden *Deutschen*

Partei seine Bedingungen erfüllte: Beendigung der Entnazifizierung und Regelung des Pensions- und Versorgungsrechtes der Beamten und Wehrmachtsangehörigen «unter möglichster Aufrechterhaltung des seit 1918 entwickelten Rechtszustandes».

Die Verhandler der Ost-CDU hatten vermutlich nie die Absicht, für die entsprechende DDR-Klientel vergleichbare Absicherungen auch nur anzusprechen. Dennoch fürchteten Wolfgang Schäuble und seine den Einigungsvertrag bestimmende Mannschaft offenbar, dass DDR-Kommunalpolitiker, Lehrer, Uni-Professoren, Juristen, Soldaten und Kulturfunktionäre mit Bezug auf den 131er Ansprüche erheben könnten. Vielleicht ging es auch nur darum, ehemaligen NS-Bediensteten, die dann im Sold der Kommunisten standen, keine Vorteile zu verschaffen, auch wenn deren Zahl rein altersmäßig überschaubar gewesen wäre.

Alldem hätte man leicht entgehen können, wenn man die Gelegenheit beim Schopfe gepackt hätte und den 131er, wie nicht nur von den 68ern seit Jahrzehnten gefordert, endlich gestrichen hätte. Aber nein, gerade für die bevorstehende Elitenrestitution im Osten lag den West-Verhandlern des Einigungsvertrages, der von den Parlamentariern auf beiden Seiten nur als unveränderbares Paket gebilligt werden konnte, an den althergebrachten Privilegien. Die verfassungswidrige Fußnote in der Verfassung wurde erst klammheimlich gestrichen, als sich das Problem biologisch erledigt hatte und die eingeflogenen West-Beamten genügend Zeit hatten, sich so zu etablieren, dass sie noch für Generationen ihre nachwachsenden Netzwerke bevorzugen können. Es ist kein Nachteil, diese Hintergründe zu kennen, wenn man die anhaltend auffällige Abwesenheit Ostdeutscher in Führungspositionen beklagt.

Doch die Ostdeutschen sind in noch viel schwerwiegenderen Belangen gesetzlich benachteiligt. Die im Anhang des Einigungsvertrages versteckte «Regelung offener Vermögensfragen» gilt als genetischer Defekt der Einigung. Sie sollte Teilungsunrecht beseitigen, war aber ein Schutzgesetz für West-Eigentümer. Das fatale Prinzip «Rückgabe vor Entschädigung» galt nicht für in Westdeutschland gelegenes Immobilien-Eigentum Ostdeutscher. Nicht einmal, wenn es sich um jüdisches Eigentum handelte. Das kam nicht so oft vor, aber oft genug. Da waren angeblich alle Fristen abgelaufen. Solche Tritte versetzt man nur Beigetretenen. Im Osten dagegen hatten die Ämter für offene Vermögensfragen 2,2 Millionen Rückgabeanträge für private Grundstücke, Wohnhäuser und Datschen zu bearbeiten. Ein Rückgabe-Antrag war oft auf mehrere Objekte, auf Straßen, ganze Siedlungen bezogen, sogar auf eine ganze Stadt: Putbus. Rechnet man pro Antrag nur eine vierköpfige Familie, so sah sich etwa die Hälfte der DDR-Bewohner von Vertreibung bedroht. Auf jeder fünften Wohnung lag ein Restitutionsanspruch. Auch wenn längst nicht allen Anträgen stattgegeben wurde, war das ein sich Jahre hinziehender, angstbesetzter Nervenkrieg und ein soziales Pulverfass, was durchaus als «gruppenbezogene Diskriminierung» wahrgenommen wurde und nicht ohne anhaltende mentale Folgen geblieben ist.

Auch im Umgang mit personenbezogenen Daten waren die Ostdeutschen erheblich benachteiligt. Allein bis 1998 waren in der sogenannten Gauck-Behörde etwa zwei Millionen Ersuche des öffentlichen Dienstes, von Parteien, Justiz, Kirche und Wirtschaft zur «personenbezogenen Beauskunftung» eingegangen, dazu 400 000 Anfragen von Rentenversorgungsträgern mit der Maßgabe, eventuell zahlungsmindernde Daten herauszubekommen. (Das Rentenstrafrecht, also die Aberkennung gesetzlich erworbener Ansprüche wegen einer auch nur untergeordneten Leitungsfunktion in der DDR, war eine Einmaligkeit in der Justizgeschichte.) Während in der Bundesrepublik ein dreißigjähriger postmortaler Persönlichkeitsschutz gilt, waren die Ostdeutschen gegenüber ihren Arbeitgebern zu gläsernen Figuren geworden, ohne Rücksicht auf den Wahrheitsgehalt solch geheimdienstlicher Akten. Da auch 30 000 bis 40 000 westdeutsche Inoffizielle Mitarbeiter für die Staatssicherheit gearbeitet haben, hätte man nach dem grundgesetzlichen Gleichheitsgebot auch in der Bundesrepublik alle öffentlichen Bewerber einer Sicherheitsüberprüfung unterziehen müssen. Was nicht nur helle Aufregung, sondern auch dunkle Ahnungen über eine ins Unermessliche wachsende Behörde nach sich gezogen hätte. Für die neuen Bundesländer gab es dieses Aufwand-Nutzen-Kalkül nicht, auch wenn nur bei 6 Prozent der Überprüften mehr oder minder Belastendes zutage kam.

Ost*West*frau[36] – eine besonders spannungsreiche Beziehung

Die erwünschte innere Einheit funktioniert mitunter gerade dort nicht, wo man es am wenigsten vermutet hätte. In Ost und West geprägte Frauen – die unterdrückten Wesen auf beiden Seiten – stehen sich bis heute eher verständnislos, wenn nicht gegnerisch gegenüber.

Es gab viele Ärgernisse in der DDR, aber als Frau habe ich mich eigentlich nicht benachteiligt gefühlt. Da ich generell untauglich bin, mich in Hierarchien einzufügen, und zwar in Ost und West, bin ich seit meinem 31. Lebensjahr freischaffend. Was in der DDR, zumindest für Publizisten, eher unüblich war. Verbündete wählte ich nach ihrer Gesinnung, nicht nach ihrem Geschlecht. Denn den politischen Druck spürte ich nachhaltiger als den auf Frauen. Ich hatte nun keine direkten Vorgesetzten mehr, sondern wechselnde Ansprechpartner in Verlagen, Redaktionen, in der Hörspielabteilung oder in der DEFA. Mit wem man so zu tun hat als freie Autorin.

Dass ich mich als Autorin nicht benachteiligt fühlte, lag vielleicht auch an einem Glücksumstand. Als ich Anfang der 80er Jahre zu schreiben begann, kam im Westen gerade Literatur von Frauen in Mode. Und man interessierte sich auch für die in der DDR. Die gestandenen DDR-Autorinnen wurden von allen Seiten analysiert und zu Äußerungen aufgefordert. Das waren vor allem Irmtraud Morgner, Christa Wolf, Brigitte Reimann, Maxie Wander und Helga Königsdorf. Eine Generation, die nicht mehr befragt werden kann. Aber man, oder in dem Fall eher frau, wollte damals auch wissen, ob sich die ganz jungen, die Debütantinnen, von diesem «literarischen Feminismus» unterscheiden. Jedenfalls kamen gefühlt scharenweise Lektorinnen und Dramaturginnen in den Osten und wollten neue Texte sehen. Gern auch kurze, damit sie diese in Anthologien unterbringen konnten.

Ironischerweise wurden meinen Kurzprosa-Texten ein eher männlicher Schreibstil attestiert. Eine gewisse stilistische Strenge durch häufige Substantivierung, rationaler, logischer Aufbau, ein Humor, der nicht auf Situationskomik setzt, sondern auf Pointen, die sich aus gedanklichen Paradoxien ergeben. Spätestens da begann ich, überlieferten Zuschreibungen darüber, was angeblich weiblich und männlich ist, zu misstrauen.

Auch männliche Germanisten interessierten sich gelegentlich für die Besonderheiten östlicher Autorinnen. So Horst Heidtmann, der 1982 im westlichen Beltz-Verlag die Anthologie «Im Kreislauf der Windeln. Frauenprosa aus der DDR» herausbrachte. In seinem Nachwort charakterisierte er die neue Frauenliteratur der DDR als eine Literatur, der das Erreichte nicht mehr ausreicht. Das Erbe anhaltender weiblicher Diskriminierung werde offen benannt. Verteidigt würde das Individuum, seine gewandelte Identität. Ein neues Selbstbewusstsein formuliere Emanzipationsziele eher auf einer humanistischen denn auf der feministischen Ebene wie im Westen. Alleinerziehende Mütter würden gewürdigt, überholte männliche Rollenerwartungen abgelehnt, ohne dass Männer, wie nicht selten bei West-Autorinnen, generell verteufelt würden. Sinnlichkeit und Sexualität würden als «schöpferische Potenz» wahrgenommen; weit entfernt von Me-too-Debatten, wie man heute ergänzen kann. «Die Frauen der DDR sind in manchen Bereichen der Gesellschaft schon ‹gleicher›, sie haben mehr Möglichkeiten, das zu tun, was anderswo Männer machen», hieß es. Deshalb hätten sie ein weiterentwickeltes Selbstwertgefühl. «Daraus ergeben sich vielleicht Überlegungen zu menschlicheren Formen des Menschseins, die gleichermaßen für Leserinnen und Leser im Osten und im Westen wichtig sind», so Heidtmann.

Der pithekoide Charakter des Mannes

So wie er kamen die West-Männer, mit denen ich damals gelegentlich zu tun hatte, aus wohlgesonnenen Verlagen und Redaktionen. Ich erwartete, als sich die Mauer öffnete, keine besonders unangenehmen Überraschungen. Und tatsächlich, auch die West-Männer hatten alle – genau wie Ost-Männer – große, breite Hände, deren Ringfinger länger sind als die Zeigefinger. Wodurch ein prankenartiger Eindruck entsteht. Auch hatten sie ausgeprägtere Kieferknochen als Frauen und längere Arme. Diese *affenähnlichen* Merkmale veranlassen einige Anthropologen, vom *pithekoiden* Charakter des Mannes zu sprechen. Den konnte die westliche Zivilisation also auch nicht überwinden. Der ist sozusagen angeboren. Und da sollte mit diesen Kreaturen nicht fertig zu werden sein? Das wäre doch gelacht.

In der bürgerbewegten Wendezeit sind mir zunächst noch viele Frauen begegnet – Bärbel Bohley war wohl die prominenteste. Ina Merkel hatte den Unabhängigen Frauenverband gegründet, für den sie am Runden Tisch saß und dort Einfluss auf den Verfassungsentwurf dieser rätedemokratischen Institution nehmen konnte. «Immerhin war der Verfassungsentwurf des Runden Tisches das frauenpolitisch Überzeugendste, was in den Männer-Demokratien Europas in den letzten 200 Jahren produziert worden ist, und er entstand unter wesentlichem Einfluss der Frauen», schrieb die West-Publizistin Ulrike Baureithel wenig später. Doch wie gesagt: Weder der Bundestag noch die nur formal, nicht auch psychologisch frei gewählte Volkskammer haben diesen Entwurf auch nur zur Kenntnis genommen.

Es war schon auffällig, wie schnell all diese Frauen mit der ganzen Bürgerbewegung an den Rand gedrängt wurden. Der tausendseitige Einigungsvertrag wurde ausschließlich von Männern ausgeheckt, in den Ämtern für offene Vermögensfragen und den neuen Medienanstalten saßen im Wesentlichen Männer. Als Angela Merkel Bundesfrauenministerin wurde, war längst alles gelaufen. Und die spätere Treuhand-Chefin, die Bankierstochter Birgit Breuel, hatte sich dadurch empfohlen, dass sie die Interessen des Kapitals konsequenter durchsetzte als ihr Vorgänger.

Die neuen West-Chefs ließen zuerst die werktätigen DDR-Frauen über die Klinge springen. (In einer infas-Umfrage vom März 1992 sagten 82 Prozent der ostdeutschen Frauen, dass es ihnen nun schlechter gehe als in der DDR. Kein Wunder, wenn ihre Arbeitslosenquote schnell doppelt so hoch war wie die der Männer.) Man hat es schon vergessen: Zu den großen Schocks nach dem Beitritt gehörte der sogenannte Wendeknick. Die Zahl der Babys ist innerhalb eines Jahres um über die Hälfte zurückgegangen. Das war mehr als nach jedem Krieg, und das, obwohl Männer weder eingezogen noch «gefallen» waren. Mitte der 90er Jahre hatten die sogenannten neuen Bundesländer die mit größtem Abstand niedrigste Geburtenrate der Welt. Das bezeugte, wie sehr den Ostdeutschen der Schreck in die Glieder gefahren war.

Damals trafen mich vorwurfsvolle Blicke von West-Feministinnen, die bedeuteten: Wir haben euch doch immer gewarnt, nicht so blauäugig gegenüber den patriarchalischen *Herr*schaftsstrukturen zu sein. Die vorsätzliche Bösartigkeit dieser pithekoiden Charaktere darf nicht unterschätzt werden. Wenn ihr euch nicht in unseren Kampf gegen die Männer einreiht, seid ihr verloren!

Der Anteil der Arbeit an der Menschwerdung

Intuitiv sträubte ich mich gegen diese Verschwörungstheorie. Wie für Frauen nicht ungewöhnlich, kam ich mit Männern meist besser aus. Auch bei der Arbeit, auch mit Vorgesetzten. Der Dogmatismus von Chefinnen war kein bisschen angenehmer als der von Chefs. Und auch nicht seltener. Deshalb störte ich mich auch nicht daran, wenn ich in den Chefetagen auf mehr Männer stieß. Ich wollte da sowieso nicht hin. Weiter oben war nämlich eher weniger Freiraum als unten.

Ich musste mir eingestehen, dass ich in dieser unteren Hierarchie mit Männern nicht nur gleichberechtigt, sondern eigentlich auch lieber gearbeitet hatte. Nicht weil ich etwas gegen Frauen hätte. Sondern weil ich eine Frau bin. Es geht um das Pendant. Da lag ein zusätzliches Fluidum in der Luft. Eine Mischung aus charmierender Neckerei und harmlosem Flirt. Wobei die Grenzen selbst zu bestimmen mir durch mit einer gewissen Professionalität erworbenem Respekt nicht schwerfiel. Dieses Fluidum erleichterte es, an den Ehrgeiz der Kollegen zu appellieren und sie anzuspornen, ihr Bestes zu geben. Gemischte Kollektive, so haben Befragungen von DDR-Soziologen bei Frauen *und* Männern immer wieder ergeben, verbessern das Arbeitsklima. Intrigen und Fehden, Klatsch und Cliquen werden auf das unvermeidliche Maß reduziert, während Leistungs- und Hilfsbereitschaft steigen. 92 Prozent der weiblichen DDR-Bevölkerung waren solcherart ins gesellschaftliche Leben integriert (gegenüber 55 Prozent im Westen). Dass beide Geschlechter zusammenarbeiteten, war die Normalität. Wäre man immerzu auf dumme Gedanken gekommen, hätte man überhaupt keine klugen mehr fassen können.

Beruf und Familie zu verbinden, war zweifellos eine frustrierende Belastung. Aber immer noch der beste Frust, den ich mir gegenwärtig für Frauen vorstellen kann. Zumal damals das Arbeitskollektiv als die wichtigste Sphäre des gesellschaftlichen Lebens empfunden wurde. Die Hierarchien waren flacher. Eine eigene Arbeit machte finanziell und juristisch relativ unabhängig. Spätestens mit dem Familiengesetzbuch von 1965 konnten Frauen autonom über ihre Berufstätigkeit entscheiden. Bei Scheidungen wurde das Schuldprinzip durch das weniger belastende Zerrüttungsprinzip ersetzt, die Kategorie «unehelich» entfiel, alle Kinder waren gleichberechtigt. Womit sich die BRD noch 33 Jahre Zeit ließ. Wir hatten keine vollendete Gleichberechtigung, das ist klar. Aber wir waren weiter, das ist auch klar.

Am § 218 wäre die Einheit beinahe gescheitert. Selbst die verhandelnden Ost-Politiker wollten die völlige Freiheit ihrer Frauen und Töchter in diesem Punkt nicht hergeben. Schließlich hatten auch sie, die immerhin die Verursacher von Schwangerschaften sind, ihren Vorteil von der großzügigen Regelung. Nicht nur, weil der Staat sogar die Kosten des Eingriffs übernahm. Der Einigungsvertrag musste die DDR-Fristenlösung übernehmen, ergänzt durch eine verschärfte Beratungspflicht. Bis heute haben wir unter dem Druck der Kirchen die moralisierende Rechtslage, wonach ein Abbruch nach Urteil des Bundesverfassungsgerichtes rechtswidrig ist. Schlechtes Gewissen für Frauen und Ärzte soll erst mal sein. Doch durch Erfüllung gewisser Auflagen kann man und frau der (eigentlich als verdient angesehenen) Strafe entgehen. Wie verrückt das alles immer noch ist.

Anfang der 90er hatte ich eine Einladung in ein Westberliner Frauenzentrum zu Lesung und Gespräch. Vor der

Tür stand mit einem Blumenstrauß auch ein befreundeter Regisseur. Er hatte noch vor Mauerfall im SFB ein Hörspiel von mir inszeniert – über ein Frauenschicksal. Damals durfte ich nicht zur Produktion reisen, um die Erzählerin selbst zu sprechen. Jetzt durfte er nicht den Raum betreten, weil Frauen ohne die Anwesenheit von Männern angeblich unbeschwerter reden können. Verrückt war es immer.

Vermutlich haben sich nach dem Anschluss der DDR an die BRD keine Gruppen derart befremdlich, ja feindselig wahrgenommen wie die Ost- und die West-Frauen. Ich erinnere mich an eine internationale Gender-Forscher-Tagung in Berlin, die diese Brüche nur vertiefte. Mir als Ostberlinerin waren auf Anhieb die pragmatischen Redebeiträge der jungen Wissenschaftlerinnen aus Prag oder Budapest vollkommen vertraut, während die Westberlinerinnen in ihrer vermeintlichen Besserwisserei meinen Unwillen erregten. Sie wollten als Errungenschaft nur gelten lassen, was sie sich gegen die Männer erkämpft hatten. Quoten oder ähnliche die Zweitrangigkeit nur etablierende Hilfskonstruktionen, wozu auch die Verschandelung der Sprache gehörte. Das in ihren Augen nur von Männern Gewährte war uns in seiner praktischen Konsequenz selbstbewusst lieber als das von ihnen relativ Nebensächliche, aber stolz Eroberte. Das kränkte sie maßlos.

Auf der Damentoilette wurde ich ungewollt Zeugin eines Dialogs in den beiden Neben-Kabinen: «Jetzt werde ich erstmalig leidenschaftliche West-Emanze», so die eine. «Schrecklich, diese spießigen Ost-Tussis, sie werden uns weit zurückwerfen», so die andere. Als sich gleichzeitig unsere drei Kabinen-Türen öffneten, war es ihnen immerhin ein bisschen peinlich.

Den immer aufmerksamen Westverlagen war der Zwist nicht entgangen. Im Mai 1994 erschien bei S. Fischer der Sammelband: «Stiefschwestern – Was Ost-Frauen und West-Frauen voneinander denken». Darin ging es hoch her. Zum Verhältnis der beiden Frauenbewegungen war zu lesen, dass sich die Hoffnung auf emotionale und politische Gemeinsamkeit nicht erfüllte, «stattdessen Fremdheit, Nicht-Verstehen, Unkenntnis, Abgrenzung und schließlich Enttäuschung, Ablehnung und Rückzug». Die Ost-Herausgeberin des Bandes, Katrin Rohnstock, verwendete einen Begriff, den ich von DDR-Frauen öfter gehört hatte: Im Vergleich zu den eigenen Erfahrungen sei das, was man jetzt erlebe, mit *Steinzeit* milde umschrieben. «Die Entwicklungshilfe, die wir dem Westen geben könnten und müssten, findet kein Interesse.»

Doch es gab in dem Buch auch positive Beobachtungen auf der jeweils anderen Seite. Staunend nahmen West-Frauen, die im Beruf auf höflich-distanzierte Verhaltensweisen Wert legten, zur Kenntnis, wie weit Ost-Frauen das Private in die Arbeitsbeziehungen hineinholten. Und sie fragten sich erstaunt, woher die größere Herzlichkeit und Zuwendung kam, die sie bei den Stiefschwestern im privaten Umgang spürten. Ost-Frauen sind berufstätig. West-Frauen sind erwerbstätig. Nur das vermarktbare Ich hat einen Wert und darf gezeigt werden. In meinem Text räumte ich großzügig ein, dass die West-Akademikerinnen irgendwie perfekter sind, nicht so zurückhaltend, sondern rhetorisch gewandter. Ausnahmslos alle beherrschten eine Fremdsprache besser, hatten ein paar Monate im Ausland verbracht. Sie waren es gewohnt, auf internationalen Kongressen aufzutreten. Ihre Lebensplanung war offener und beweglicher. Nicht selten lebten sie und ihr Partner in getrennten Wohnungen.

Andere Umstände – ein Tabu bei West-Frauen

Ich erwähnte schon vor dreißig Jahren die beachtliche Fähigkeit, Projekte auszudenken oder aufzutreiben und die Geldgeber gleich dazu. So lebten meine freischaffenden Freundinnen beneidenswert gelassen im Projektrhythmus. Das Projekt Mann wird mal eben eingetaktet, das Projekt Kind kam kaum vor.

Mein Text trug den Titel «Ein Tabu bei Westfrauen». Aufhänger war ein Fakt aus dem *Spiegel*, wonach im Westen 33 Prozent der Frauen zugunsten ihrer Karriere bewusst auf Kinder verzichteten, im Osten nur 0,5 Prozent. Das konnte ich kaum glauben. Was für eine Nötigung zu erbarmungsloser Alternative, zu einem unmenschlichen Verzicht! Ich kam auf die Idee, dieses Verhältnis an meinem Adressbuch zu überprüfen, das 36 weibliche Namen mit westlicher Anschrift enthielt und 60 mit östlichen Adressen – Frauen, mit denen ich befreundet war oder beruflich zu tun hatte. Nie zuvor hatte ich mir das bewusst gemacht: Auf *andere Um-*

stände haben 47 Prozent meiner westlichen Bekannten und 8 Prozent meiner östlichen verzichtet. Im emanzipierten, akademisch-künstlerischen Bereich schienen die Schwierigkeiten, Kinder im Berufsleben zu platzieren, sogar überdurchschnittlich groß.

Natürlich gibt es für Frauen gute Gründe, ein Leben ohne Kind zu bevorzugen. Jahrelang habe ich das selbst favorisiert. Das ist wohl die sensibelste Entscheidung im Leben einer Frau. Ich halte den Kinderwunsch nicht etwa für weibliche Normalität. Genauso fragwürdig ist mir allerdings das erhabene Belächeln der östlichen «Mami-Mentalität» durch westliche Scheinemanzipierte, die ihren aufgezwungenen Verzicht als freien Entschluss verinnerlicht haben, um ihn ertragen zu können.

Selten sei es mir gelungen, schrieb ich, mit den kinderlosen West-Frauen über diese tabuisierte Zone offen zu reden. Ein Gefühl von Entbehrung wurde kaum ausgesprochen. Durchblicken ließen – wenn überhaupt – eher älter werdende Frauen, für die sich der Wert beruflicher Erfolge langsam relativierte und die einem enkellosen, also recht ruhigem Ruhestand entgegensahen, dass der Preis womöglich zu hoch war. Selbstverständlich bin ich damals auch westlichen Müttern begegnet. Scheinbar arglos betonten sie oft, wie wichtig es ihnen war, ihre Kinder zu Hause großzuziehen, sie nicht verfrüht fremdbetreuen zu lassen. Im März 2024 stellte der West-Professor Elmar Brähler im *Deutschen Ärzteblatt* eine Studie vor, die Ost-Frauen nicht überraschte: Menschen, die in der DDR aufgewachsen sind und meist

Krippen und Kindergärten besuchten, haben seltener Kindheitstraumata erlitten als Westdeutsche.

Doch es gab in den «Stiefschwestern» auch ansatzweise sich selbst infrage stellende Töne. So titelte die West-Journalistin Hella Kaiser ihren Beitrag: «Kinder waren uns so fremd wie Wesen vom anderen Stern.» Bei der Begegnung mit den Ost-Müttern sei die Freude darüber, dass Beruf und Kinder doch vereinbar seien, ausgeblieben. Genauso wie der gemeinsame Kampf um Krippen und Kindergärten. Sie habe mit Erleichterung wahrgenommen, dass die «Kinderschwemme» in der Ex-DDR versiege. «Irgendwie war meine Welt wieder in Ordnung ... Ein böser Gedanke bleibt: Schweigen wir womöglich aus Genugtuung, um unser bisheriges Leben nicht hinterfragen zu müssen?» Es wäre aber höchste Zeit, offen über Gefühle zu reden. «Der Feminismus hilft uns nicht weiter. Allzu weit sind wir ohnehin nicht mit ihm gekommen.»

Immer wieder schien die Sorge durch, dass die hierarchisierende Vereinigungspolitik zu einer strukturellen Schlechterstellung aller Frauen im neuen Deutschland werde. Wobei die Ost-Frauen grundsätzlicher herangingen: man müsse globale Bezüge herstellen und die Herkunfts- und Klassenschranken kritisieren, die mit der Marktwirtschaft verwoben sind. So hatten wir nie etwas von Eheverträgen gehört – wir wurden konfrontiert mit der neuen Wichtigkeit von Besitzständen, der Verrechtlichung von vorsorglicher Distanz.

Aufwärtsmobilität – ein ganz neuer Typ Frau?

2008 stellte die Präsidentin des Wissenschaftszentrums Berlin für Sozialforschung, Jutta Allmendinger, eine Studie vor, die sie selbst überrascht hat und die in allen großen Medien erwähnt wurde. Danach wächst ein ganz neuer Typ Frau heran. Sie wollen berufstätig sein und trotzdem Kinder haben! Und halten das für selbstverständlich. Die Zeit des Entweder-Oder sei vorbei. Arbeitgeber müssten umdenken. Junge Frauen, die finanziell unabhängig sind, machen ihr Selbstwertgefühl nicht mehr von Männern abhängig. Wenn eine Beziehung nicht laufe, seien sie bereit, sich von einem Mann zu lösen. Und neu sei auch, dass sich dieser Typ durch alle Bildungsschichten hindurchziehe.

Selbst wenn man der engagierten Professorin zugutehält, dass sie während der Wende-Zeit an der Harvard University promoviert hat und ihr so das hier Beschriebene entgangen sein wird – wie kann die gesamte westdeutsche Großpresse den Unsinn vom neuen Frauen-Typ verbreiten? Was hier beschrieben wird, ist haargenau das DDR-Frauenbild. Wir sind alle so, seit einem halben Jahrhundert. Einzig neu an dieser diagnostizierten Emanzipation ist, dass sie offenbar erfreulicherweise auf den Westen übergreift. Aber hat sie wirklich gegriffen? Haben die Arbeitgeber umgedacht?

Den Schritt, um den sich die West-Frauen vom alten Rollenbild entfernt haben, haben die Ost-Frauen gehen müssen, um sich diesem überholten Bild anzupassen. Statistisch ist das nicht mehr genau zu erfassen, da die Wanderungsbewegungen der letzten dreißig Jahre zwischen Ost und West keine reine Feldforschung mehr ermöglichen. 2022 arbeiteten in den veralteten Ländern 72,6 Prozent aller Frauen im arbeitsfähigen Alter, in den immer noch neu genannten 74,5 Prozent. Eine Angleichung, die für die einen ein bemerkenswerter Fortschritt ist, für die anderen ein ebensolcher Rückschritt. Hinzu kommt, dass zwei Drittel dieser Erwerbstätiginnen (☺) gering entlohnte Beschäftigte sind, also in Teilzeit arbeiten, in Minijobs oder als mithelfende Familienangehörige. Da sind wir fast wieder in der Steinzeit.

Den höchsten Anpassungspreis für die Unvereinbarkeit von Beruf und Familie haben die Akademikerinnen im Osten zahlen müssen. Kinderlos sind nunmehr etwa 17 Prozent von ihnen, ein aus meiner Sicht herber Verlust. Im Westen sind es im Vergleich zu früher nur noch 23 Prozent, ein beachtlicher Gewinn. Dennoch wird man nicht behaupten können, dass der gepriesene «neue Frauen-Typ» eine Chance hatte, sich durchzusetzen. Die Bundesagentur für Arbeit fordert in unnachahmlichem Beamtendeutsch, die Rahmenbedingungen für «Aufwärtsmobilität» zu verbessern.

Trotz der Abwärtsmobilität der Ost-Frauen haben sich Spurenelemente des einstigen Emanzipationsvorsprungs erhalten. Während im Westen fast drei Viertel aller Mütter mit Kindern unter achtzehn Jahren Teilzeit arbeiten, ist das im Osten nur die knappe Hälfte. Nicht zuletzt wegen der fast flächendeckenden Kinderbetreuung ist die Geburtenrate im Vergleich immer noch höher. Wegen der längeren Berufstätigkeit haben Ost-Frauen eine deutlich höhere Rente als ihre Stiefschwestern. Auch verdienen sie fast so viel wie Männer, während es im Westen noch eine große Ungleichheit gibt. (Hintergrund ist allerdings, dass durch die mangelnde Tarifbindung im Osten vor allem die Männer schlechter verdienen.) In mittleren Führungspositionen haben sich die Ost-Frauen von den Männern nur teilweise verdrängen lassen – noch haben sie darin die Mehrheit. Ihre Männer nehmen dafür häufiger Elternzeit in Anspruch. Der Frauenanteil in den Gewerkschaften ist mit über 40 Prozent deutlich höher als im Westen. Sie wählen weniger AfD als Männer.

Wäre es übertrieben zu behaupten, Ost-Frauen seien weniger entpolitisiert? Pazifistischer? Kritischer gegenüber dem Status quo? Also vernünftiger? Gefühlt ist es so. Meine Neigung, Frauen gegenüber solidarischer und den Männern gegenüber skeptischer zu sein, ist gestiegen. Auch ein Anpassungsprozess.

Die Wartezeit ist abgelaufen
Die Ungeheuer von heute fordern heraus

Gegen Ende eines kritischen, mangelnde Vernunft beschreibenden Buches geziemt es sich, Hoffnungen zu machen und Lösungen aufzuzeigen. Schließlich hat *der Leser* nicht nur ein paar Euro investiert, sondern vor allem Lebenszeit, und deshalb hat *sie* nun Anspruch auf eine Art geistigen Gewinn und praktische Lebenshilfe. Im Sinne von zuversichtlichem Weglegen des Gelesenen, da andere sich schon kümmern werden und man selbst zur Tagesordnung übergehen kann? Diese Zuversicht ist trügerisch. Hoffnung ist nur ein Sedativum, sagt mir Rainer Mausfeld. Also seien Sie beunruhigter als zu Beginn der Lektüre. Und falls Sie nicht zufällig ganz jung sind, geben Sie Ihre Besorgnisse oder gar Ihr Entsetzen weiter an die erwachsenen Kinder und Enkel. Denn es ist deren Leben, um das es vor allem geht.

Sie vor allem sind es, die wie einst Siegfried mit dem Drachen mit den Ungeheuern von heute zu kämpfen haben. Mit den explodierenden Rüstungskosten, die die erarbeiteten Annehmlichkeiten schmälern, auf die sie Anspruch hätten. Mit den erwärmten Meeren und Extremwettern, die die abgestimmte Existenz von Menschen, Tieren und Pflanzen auf den Kopf stellen. Schon jetzt halten Ärzte an der Ostsee

Merkzettel bereit: Wenn das Meer 20 Grad erreicht, was bereits vorkommt, kippt die natürliche Bakterienflora des Salzwassers um. Dann treten vermehrt *Vibrio vulnificus* auf, die schon bei geringsten Hautverletzungen in den Körper eindringen und schwere Wundinfektionen bis zu tödlich verlaufender Sepsis auslösen können. Wie lange wird es noch Badeurlaub geben?

Ein Buch über die Ungeheuer von heute darf den Leser nicht entlassen, ohne ihm ein Erinnern an den großen Riss, der jüngst durch das Land und die Welt ging, zuzumuten: den Corona-Schock. Vermutlich hat diese Pandemie in allen von uns, die diese Zeit bewusst erlebt haben, seelische Narben hinterlassen, wenn nicht körperliche. Die hiesige Aufarbeitung lenkt die Aufmerksamkeit immer noch auf Nebenschauplätze: die Masken – zu unwirksam, zu viel, zu teuer? Die Schulschließungen: zu lang oder ganz überflüssig? Die Corona-Tests: unzuverlässig oder untauglich?

Weitgehend tabuisiert sind nach wie vor die viel relevanteren Fragen. Wer nicht bereit war, den Zusammenhang eines Viren-Forschungslabors im chinesischen Wuhan und dem Ausbruch der Seuche just in diesem Ort als Zufall anzusehen, wurde als Verschwörungstheoretiker gebrandmarkt. Auch von unserem Führungsvirologen Christian Drosten, der gegenüber der *Süddeutschen Zeitung* inzwischen zurückruderte: «Es wurden in Wuhan durchaus Sachen gemacht, die man als gefährlich bezeichnen könnte.»

Das menschengemachte Virus

Seit Anfang der 90er Jahre wird weltweit der Wahnsinn betrieben, Viren von Tieren, meist Vögeln oder Fledermäusen, durch den gentechnischen Einbau von Spike-Proteinen nicht nur infektiöser, sondern auch leichter auf den Menschen übertragbar zu machen. Der Erkenntnisgewinn dieser von den Steuerzahlern der beteiligten Länder ahnungslos finanzierten sogenannten «Gain-of-Function-Forschung» soll angeblich das Risiko einer möglicherweise weltweit ausgelösten Pandemie eindämmen. Wenn das Virus identifiziert sei, könnten so seine Mutationen vorhergesagt werden, bevor sie auf Menschen übergreifen. Man wolle im Labor vorwegnehmen, was in der Natur passieren könnte.

In Wirklichkeit hat man offenbar im Labor vorweggenommen, was nur dadurch in der Natur passiert ist. Mit künstlich aggressiv gemachten Viren bekam die Pharmaindustrie die messianische und nebenbei auch noch gewinnexplodierende Aufgabe, alle Menschen der Welt zu retten – und mit jährlichen Auffrischungen immer wieder zu retten. Wissenschaftler warnen seit vielen Jahren davor, übertriebene Versprechen zur Vorbeugung von Krankheiten zu machen.[47] Die Vielfalt von Mutationsmöglichkeiten sei nicht vorhersagbar. Als 2018 im Kongo Ebola ausbrach, musste eingeräumt werden, dass gerade von diesem Virus mehr Genomsequenzen gewonnen und untersucht wurden als zu jedem anderen Krankheitsausbruch. Verhindert wurde nichts.

Wobei die Sterblichkeit bei Corona-Infektion mit dem *natürlichen Virus* bei um die 1 Prozent liegen soll.[48] Das eigentliche Risiko besteht vielmehr im Kontakt mit diesem *menschengemachten Virus.* Kein Hochsicherheits-Labor der Welt könne einen solchen Unfall ausschließen, schrieben fünfzig international renommierte Forscher 2022 auf Initiative des Hamburger Nanoscientisten Prof. Dr. Dr. h. c. Roland Wiesendanger. Sie forderten einen Stopp dieser wahnhaften Experimente, die «ein Potenzial zum Auslöschen großer Teile der Weltbevölkerung» hätten.[49] Das sei keine Beschneidung von Wissenschaftsfreiheit.

Das hippokratische Arztgelöbnis, Patienten nicht zu schaden, sollte auch für die medizinische Forschung gelten. Nach einer Studie des Oxforder Mikrobiologen Stuart Blacksell sind zwischen 2000 und 2001 schon sechzehnmal Erreger aus Laboren entwichen, darunter zweimal die zu Maul- und Klauenseuche und dreimal zu SARS-CoV-1. Nicht wenige Fachleute hielten die Zahl für stark untertrieben.

Immer mehr Institutionen schwenkten auf den Befund ein, wonach die Gefahr menschengemacht sei. Das FBI schätze, so die *New York Times* im Juni 2023, dass es sich bei dem Corona-Virus um eine versehentliche Freisetzung aus dem Labor handele.[50] Auch die geleakten RKI-Protokolle enthüllen: Die unnatürlichen Merkmale im SARS-CoV-2-Virus sind der Fachwelt seit Anfang 2020 bekannt. Der US-Arzt Dr. Steven Quay sagte bei seiner Anhörung vor dem Ausschuss des US-Kongresses im Juni 2024 nach detaillierten Analysen: «Ich kann daraus schließen, dass die erste Infektion beim Menschen kurz nach der Einfügung der Furin-Spaltstelle im Labor auftrat.»

Dr. Quay warnte vor dem Ausschuss vor Risiken, die alle Dystopien überbieten: In Wuhan wurde das natürliche, Gehirnentzündungen auslösende Nipah-Virus zu einem künstlichen Bioterrorismus-Agenten gemacht, der 60-mal tödlicher ist als SARS 2. Ein Ausbruch dieses modifizierten Virus würde die Zivilisation kollabieren lassen und um Jahrhunderte zurückwerfen.[51]

Mit an Sicherheit grenzender Wahrscheinlichkeit hätten wir uns die ganze Maskiererei, Testerei, Lockdownerei und auch Impferei sparen können, wenn der Unsinn der hochrisikoreichen Gain-of-Function-Forschung nie begonnen worden wäre. Es ist, als ob die Hexenmeister nun selbst klagen: «Die ich rief, die Geister,/ Werd' ich nun nicht los.» Ein krasser Fall von Schlaf der Vernunft.

Heute entschuldigt Prof. Drosten den mangelnden Schutz der Corona-Impfung vor Ansteckung damit, dass sich das Virus verändert habe. «Das konnte man nicht wissen.»[52] Peinlich nach so viel Analyse. Dass Infektionskrankheiten auslösende Viren ständig mutieren, weiß jede Krankenschwester. Dazu braucht man keine Gain-of-Function-Forschung. Wozu dann?

Die meisten Gelder dafür «stammen nicht primär aus der Wissenschaftsförderung, sondern werden aufgrund militärischer Interessen bereitgestellt», sagte Roland Wiesendanger im Juni 2024 in einem *Cicero*-Interview. Man habe diesen Forschungsbereich nach dem 11. September 2001 in den USA verstärkt ausgebaut. Da Biowaffen weltweit geächtet sind, habe es geheißen, man müsse sich gegen möglichen «Bioterrorismus» wappnen. Die die eigene Bevölkerung gefährdenden Forschungen wurden nach Wuhan ausgelagert.

Genetische Veränderungen sind oft nicht nachweisbar, weshalb Mikroorganismen insgeheim tatsächlich als Biowaffe verwendet werden könnten. Haben wir es hier mit der bewussten Umgehung der UN-Konvention zum Verbot dieser Waffen zu tun? Kaum vorstellbar. Die wichtigsten Lebensfragen gehen den sogenannten Souverän nichts an. Sie dürfen aber nicht das Privileg einer kleinen Gruppe von Fachleuten bleiben, sondern es wäre Aufgabe der Medien, sie zu einer öffentlichen Debatte zu machen.

Im September 2019 besuchte Bundeskanzlerin Angela Merkel das zur chinesischen Akademie der Wissenschaften gehörende Labor in Wuhan. Neben amerikanischen und französischen flossen auch deutsche Gelder in diese undurchsichtige Einrichtung. Später hielten sich alle Geldgeber mit offensichtlichen Vorwürfen gegen die chinesische Regierung zurück – sie hatten als Unterstützer alle eine Mitverantwortung.

Aber was bewog die KP Chinas, ihre Hauptkontrahenten auf ihrem Territorium hochgefährliche Forschung betreiben zu lassen? «China hatte Interesse an dieser Kooperation, da es dadurch wichtiges Know-how für Genmanipulation von Corona-Viren erhalten konnte – insbesondere von der University of North Carolina», antwortet mir Prof. Wiesendanger. «Aber woher diese allseitige Fortschrittsgläubigkeit?», frage ich zurück, wo Gain-of-Function bisher keinerlei Erfolg gebracht hat, nur Gefährdung? Seine Antwort: «Die involvierten Virologen konnten ihre Forschungsergebnisse in den höchstrangigen Fachzeitschriften publizieren, erhielten üppige Forschungsmittel und konnten ihr Ansehen in der Wissenschaftscommunity stetig steigern.» So beeinflussen Drittmittel aus dem militärisch-industriellen Komplex und anderen Regierungsstellen die Wissenschaftskultur.

Als sich abzeichnete, dass die Impfungen gerade das nicht bewirkten, was man von Impfungen erwartet, nämlich für Jahre oder für immer zu immunisieren, und dass selbst ihr reduzierter Zweck, schwere Verläufe zu verhindern, nur durch jährliche «Auffrischung» mit unbekannter Folge für das Immunsystem zu erreichen sei, habe ich in der *Berliner Zeitung* gefragt, weshalb man sich nicht ein anderes Forschungsziel stelle: nämlich die Entwicklung eines Medikaments nur für Erkrankte, das ihnen den schweren Verlauf direkt mildert. Das ist zweifellos komplizierter, als Antibiotika gegen Bakterien zu verabreichen.

Aber ansatzweise gab es solche Arzneimittel längst. Doch weil die vorliegenden Daten angeblich nicht ausreichten, wurden weitere Forschungen nicht mit der Intensität betrieben wie die zu Vakzinen. Obwohl zu Impfungen kaum mehr verlässliche Studien vorlagen, wurde hier nicht vor unbekannten Nebenwirkungen gewarnt, unbekannte Langzeitfolgen wurden einfach ausgeschlossen. Die Pharmaindustrie durfte sogar jede Haftung für Impffolgen vertraglich ablehnen. Hinter vorgehaltener Hand sagen Fachleute, die positive Wirkung von krankheitsmildernden Medikamenten wurde geleugnet, weil die neuen Impfstoffe sonst keine Notfallzulassung erhalten hätten. Das Mega-Geschäft wäre geplatzt. Nicht zu beweisen, nicht zu widerlegen.

Den Plan, die reguläre Zulassungszeit für Impfstoffe von acht bis zehn Jahren notfalls auf 100 Tage zu reduzieren, legten WHO-Vertreter immerhin auf der Münchner Sicherheitskonferenz vor. Diese eigentlich auf geopolitische, militärische Konfliktfragen konzentrierte Institution hat seit 2016 regelmäßig den Dialog zwischen «sicherheitspolitischen Experten» und Gesundheitsbehörden wie der WHO oder der Gates Foundation gepflegt. Die Militarisierung der Pandemiepolitik war Programm. Krankheit als Waffe oder Waffen, die krank machen?

Bei gesundheitlichem Notstand: Taskforce, übernehmen Sie!

Im März 2020 erklärte Präsident Trump den landesweiten Notstand. Daraufhin trat das US-Gesundheitsministerium die Kontrolle über die Pandemiepolitik an den Nationalen Sicherheitsrat ab. Erstmals in der Geschichte des Weißen Hauses übernahm seine Taskforce das Gesundheitsmanagement. Die angesehene US-Wissenschaftsjournalistin Debbie Lerman kommentierte: «Das bedeutet, dass unsere Reaktion auf die Covid-Pandemie von Gruppen und Agenturen geleitet wurde, deren Aufgabe es ist, auf Kriege und terroristische Bedrohungen zu reagieren, nicht auf Krisen im Bereich der öffentlichen Gesundheit oder auf Krankheitsausbrüche.»[53] Sie geht davon aus, dass auch die Sicherheitsbehörden verbündeter Länder wie Frankreich und Deutschland involviert wurden, «weil sie wussten, dass SARS-CoV-2 ein manipuliertes Virus war, das aus einem Labor stammte, das potenzielle Biowaffen erforscht». (Passend dazu das Vokabular des französischen Staatspräsidenten Macron, wir befänden uns «im Krieg mit einem Virus».)

Intern habe es geheißen, das Virus stelle eine «militärische Bedrohung» dar, da es sich um eine «potenzielle Biowaffe» handle, auf die eine militärische Reaktion erforderlich sei. Alle scheinbar unsinnigen Richtlinien seien mit dem einzigen Ziel verhängt worden, Angst zu schüren, um die Zustimmung zum Lockdown bis zur Impfung zu erreichen, so Lerman. Der «gesamte Bioverteidigungs-Industriekomplex», bestehend aus Sicherheits- und Geheimdienstmitarbeitern, Propaganda- und Psycho-Abteilungen, Regierungsbeamten und Pharmaunternehmen, habe die Führung übernommen.

Die Militarisierung der Gesundheitspolitik bestätigte die eingangs vom Generalinspekteur der Bundeswehr zitierte Forderung nach Mentalitätswechsel und Gedankenwende hin zur notwendigen gesamtgesellschaftlichen Vorbereitung eines künftigen Krieges: Zivilisation bedeutet Krieg. Freiheit ist Bedrohung. Eure Unwissenheit ist unsere Stärke.

Nur Unwissende waren zu verängstigen durch das unbegründete «Hochskalieren» der Risikobewertung der Pandemie, die sinnlose 2G-Regel (Zutrittserlaubnis nur für

Geimpfte und Genesene) oder die absurde Forderung des RKI-Chefs, Masken auch im Freien zu tragen und die Maßnahmen als Standard zu akzeptieren – «die dürfen überhaupt nie hinterfragt werden».[54] Hatten diejenigen recht, die vermuteten, dass die Behörden die weltweite Verunsicherung ausgenutzt haben, um mal eben auszuprobieren, wie weit man im Krisen- und Kriegsfall mit totalitären Freiheitseingriffen, mit Einschüchtern und Disziplinieren und Ächten kritischer Stimmen gehen kann? Auch das kann weder bewiesen noch widerlegt werden.

Überhaupt nie hinterfragen – Politik und Medien

Was ist aus dieser unbewältigten Krisenzeit geblieben? Ein gewachsenes Misstrauen in die real existierende Demokratie. Die Verengung des diskriminierungsfreien Diskursraumes, die verschärfte Ausgrenzung kritischer Stimmen, ein Bedeutungsgewinn der *un*sozialen Medien. Die Einseitigkeit der Berichterstattung erfuhr während der Pandemie 2020–2023 eine nie gekannte Dimension. Als diese mit Beginn des Überfalls auf die Ukraine noch übertroffen wurde, war man schon vorbereitet. Dass Putin der alleinige Verantwortliche für den Krieg sei, verbreiteten 93 Prozent der Leitmedien, einschließlich ARD-*Tagesschau,* ZDF-*heute* und RTL *Aktuell.*[55]

Nachrichten heißen so, weil man sich danach richten soll. Viele Zuschauer halten sich aber nicht mehr in gewünschtem Maße daran, sehen die Berichterstattung kritisch, ohne Einfluss auf Veränderung zu haben. Besonders die Jugend haben die öffentlich-rechtlichen Sender verloren. Das Durchschnittsalter des ARD-Publikums liegt bei sechzig Jahren. Ein Frührentnerprogramm.

Einerseits erleben wir eine Faktenarmut, eine Postfaktizität, in der Vorurteile stärker und beständiger sind als politisches Wissen. Wir nähern uns Hannah Arendts Warnung: «Die idealen Untertanen totalitärer Herrschaft sind Menschen, für die die Unterscheidung zwischen Fakten und Fiktion und zwischen wahr und falsch nicht mehr existieren.» Andererseits ist Empörung ein notwendiger Schritt zu Emanzipation und Veränderung – man denke nur an die aufrüttelnde Schrift «Empört Euch!» des damals dreiundneunzigjährigen französischen Widerstandskämpfers und UN-Diplomaten Stéphane Hessel. Sein Aufruf zu politischem Widerstand war durch die Integrität seiner Biografie und die Überzeugungskraft seiner Argumente auch in Deutschland ein beachtlicher Erfolg. Doch es gibt einen Unterschied zwischen informierter Entrüstung über Ausbeutung, Kriegseinsätze, Machtgier oder die Manipulation durch die Medien – und der populistisch geschürten Empörung ohne moralische Wertmaßstäbe. Immer wieder werden simpelste journalistische Grundsätze missachtet. Etwa der, dass im Konfliktfall beide Seiten gehört werden müssen. Die Regeln unseres Feindbildjournalismus besagen vielmehr, dass die Gegenseite unter keinen Umständen Gehör verdient, da sie a priori nur Propaganda verbreitet.

Fast alle Programmbeschwerden des *Bürgerportals* der

Medienanstalten oder der *Publikumskonferenz* über Falschdarstellungen werden von den öffentlichen Sendeanstalten selbstgerecht zurückgewiesen oder nicht beantwortet. Die Medien sind arm an Einsicht, dafür aber reich an Diffamierung ihrer Kritiker. Kritische Stimmen, auch die auf den alternativen Webseiten, werden seit einiger Zeit gern rechts verortet, ohne dies im Detail zu belegen. Medienanstalten sind außerdem dazu übergegangen, konkurrierende Plattformen wegen angeblicher Verletzung der journalistischen Sorgfaltspflicht zu verklagen, während sie selbst vor solchen Verfahren sicher sind.

Angst und Vorsicht von Journalisten sind gewachsen. Redakteure haben ein feines Echolot in den Apparat, von dem ihre Karriere abhängt. «Schwierige» oder unbequeme Themen werden erst gar nicht vorgeschlagen. Der kategorische Imperativ des Gewerbes lautet: «Schreibe stets so, dass deine Meinung auch die anderer Journalisten sein könnte.»[56] Richard David Precht und Harald Welzer beharren in ihrem Buch «Die vierte Gewalt» darauf, dass die «Selbstangleichung der Leitmedien» keiner «Steuerung von oben» unterliegt, sondern normaler Bestandteil sozialer Prozesse ist, zu denen ein starkes Eingebundensein in das Elitenmilieu genauso gehören wie Gruppendenken und Opportunismus. Das ist einleuchtend, erklärt aber nicht, weshalb die angeblich ausschließliche Selbstgleichschaltung mit absoluter Gewissheit immer im sicheren Hafen der Staats- und Nato-Nähe landet. Die Politik hat sich strukturelle Methoden der Einflussnahme vorbehalten, so die Besetzung der

Rundfunkräte, aber auch direkte, die mal fein sein können, ein andermal vordergründig und plump.[57]

«Die erste Freiheit der Presse besteht darin, kein Gewerbe zu sein», hatte Karl Marx in der *Rheinischen Zeitung* geschrieben und ergänzt: «Deine Freiheit ist nicht meine Freiheit, ruft die Presse dem Gewerbe zu.» Die Freiheit des Gewerbes hat längst gesiegt – Journalismus ist ein Geschäftsmodell. Die privatrechtliche Logik hat auch die Öffentlich-Rechtlichen ergriffen. Erinnert sei an das Urteil des BVG vom März 2014, in dem der ZDF-Staatsvertrag wegen des überproportionalen staatlichen Einflusses in den Aufsichtsorganen als verfassungswidrig erklärt wurde. Doch ARD-Vorsitzender Kai Gniffke hielt dagegen, dass es der Kern des Auftrages der Sender sei, die offizielle Politik abzubilden. Nein, Kern des Auftrages ist es, durch unabhängige und unparteiische Berichterstattung die Voraussetzungen für eigene Urteilsbildung zu liefern. Denn eine solche Fähigkeit zu erlangen, ist der eigentliche Kern von Freiheit. Deshalb ist der kritische Blick, der davon ausgeht, dass die öffentlich-rechtlichen Sender ihren Programmauftrag nicht erfüllen, kein Plädoyer zu ihrer Abschaffung, sondern im Gegenteil eine nachdrückliche Abmahnung im Namen der eigentlich anhänglichen Zuschauer. Die Befähigung zu demokratischer Teilhabe kann nicht allein den Click-gesteuerten, ganz anderen Zielen verpflichteten *Social Media* überlassen werden.

Parlamentarisches Recht auf Revolution?

Ich habe mit Erinnerungen an die friedliche Revolution vor 35 Jahren in der DDR begonnen; mit meiner anhaltenden Unzufriedenheit, dass sie schließlich in einer Restauration versandet ist. Aber Geschichte hat lange Greifer, unterirdisch rumort es. *Und sie bewegt sich doch* – die Erde ist nicht zubetoniert. Ob das mehr Gefahr oder mehr Chance ist, liegt letztlich an den Kräfteverhältnissen.

Es war unlängst noch einer Revolution zu gedenken – vor 175 Jahren hatte die 1848er Märzrevolution der Minderheit der Radikaldemokraten im Paulskirchen-Parlament damit begonnen, revolutionäres Gedankengut in die deutschen Feudalländer zu tragen. Es ist gut, an Revolutionen zu erinnern, selbst wenn sie nicht gut ausgingen. Was wollten sie, warum sind sie gescheitert, was haben sie dennoch bewirkt – gleich oder später? Welche Forderungen sind bis heute nur halb oder gar nicht erfüllt? Wer könnte die offenen Rechnungen begleichen?

Ausgehend von Frankreich, wo im Februar 1848 der König abdanken musste und die Republik ausgerufen wurde, verbreitete sich eine Welle von revolutionären Erhebungen über den größten Teil des europäischen Kontinents. Es ging um die Schaffung von Nationalstaaten, die Abschaffung der Monarchie und erstmalig die demokratische Kontrolle der Herrschaftssysteme durch Parlamente. Der Begriff Volkssouveränität spielte eine zentrale Rolle. Deshalb standen oft auch soziale Forderungen im Mittelpunkt. Der junge Georg

Herwegh schrieb euphorisch: «Die Revolution überhaupt ist die Religion unserer Zeit.» Die Einberufung der Frankfurter Nationalversammlung durch die engagierten Volksmassen war das sichtbare Zeichen, dass in Deutschland tatsächlich eine Revolution stattgefunden hatte. In Dresden verjagte das Volk den König. In Rheinpreußen und Westfalen bewaffnete sich die Landwehr zum Schutz der Paulskirchen-Verfassung. In Württemberg zwang das Volk den König, diese Verfassung anzuerkennen, und in Baden zwang die Armee im Verein mit den Landarbeitern und denen der Städte den Großherzog zur Flucht. Es galt, vor allem Preußen zu bezwingen, und die dortigen revolutionären Sympathisanten berechtigten zu begründeten Hoffnungen.

Doch die Hoffnungen trogen. Schließlich standen den geschulten Regierungssoldaten nur ein Viertel so viele aus ungeübten Aufgeboten gegenüber. Friedrich Engels, der selbst als Adjutant an den Kämpfen teilgenommen hatte, beklagte, dass es den Aufständischen vor allem an Kühnheit gefehlt habe. Der Mangel an Entschlossenheit und Taktik habe den Aufstand zum Scheitern verurteilt. «Die erste deutsche Revolution war zu Ende.»

Über vierzig Jahre später, 1895, im Jahre seines Todes, bekennt Engels in einer seiner letzten Schriften:[58] «Die Geschichte hat uns Unrecht gegeben.» Es sei eine Illusion gewesen anzunehmen, es würde eine lange revolutionäre Periode bevorstehen mit einem siegreichen Proletariat. Die industrielle Revolution hätte erst Klarheit schaffen müssen. Sie habe die Bourgeoisie und das Proletariat erzeugt, dass jetzt durch das allgemeine Wahlrecht seine Kräfte messe. «Die Ironie der Weltgeschichte stellt alles auf den Kopf. Wir, die ‹Revolutionäre›, die ‹Umstürzler›, wir gedeihen weit besser bei den gesetzlichen Mitteln als bei den ungesetzlichen und dem Umsturz.» Es bedürfe nun einer ausdauernden Arbeit durch Propaganda und parlamentarischer Tätigkeit, um das «Recht auf Revolution» durchzusetzen.

Die Novemberrevolution von 1918/19 stürzte endlich die Monarchie, ein Großteil der Freiheitsforderungen der 48er ließ sich, zumindest formal, auf parlamentarischem Wege durchsetzen.

Doch die Gegenseite war auch nicht faul, um mit ihrer Propaganda und Lobbytätigkeit das «Recht auf Revolution» zu beschränken. Die subversivsten Forderungen der 48er sind unerfüllt geblieben: Ausgleich des Missverhältnisses zwischen Kapital und Arbeit, eine gerechte Besteuerung, Selbstregierung des Volkes, also wirkliche Volkssouveränität statt Übertragung der Macht an Repräsentanten, die nur ihrem Gewissen bzw. ihrer Kariere und nicht dem Wählerauftrag verpflichtet sind.

Die Gewählten haben nichts zu entscheiden

Das Hauptversprechen der Demokratie als Volksherrschaft, die allen Bürgern Teilhabe verspricht, wird zunehmend und besorgniserregend als unerfüllt empfunden. Horst Seehofer, der ehemalige bayerische Ministerpräsident, hat am 20. Mai

2010 im ZDF, wohl vom Frust übermannt, die kapitalistische Demokratie aufs Trefflichste beschrieben: «Diejenigen, die entscheiden, sind nicht gewählt. Und diejenigen, die gewählt sind, haben nichts zu entscheiden.»

Und dennoch muss man sich in den Parlamenten nicht mehr vor linken Revolutionären fürchten, sondern vor weiterem Rechtsruck. «Die Ironie der Weltgeschichte» stellt immer noch alles auf den Kopf. Aber sie allein würde es wohl nicht schaffen. Die Leitmedien erzählen seit Jahrzehnten die klassenlose Geschichte, wonach Freiheit und Demokratie die Garantie bieten, dass jeder seines Glückes Schmied ist. All die Glückskinder sind der überzeugende Beweis. Wer nicht dazugehört, hat eben nicht gut geschmiedet, hat aber immer noch die Chance, sein Eisen ins Feuer zu halten. Mit diesem Versprechen werden Parteien gewählt, die trotz prekärer Verhältnisse alles andere als ein soziales Programm haben.

Weltweit sind soziale Bewegungen in den letzten Jahrzehnten früher oder später wirkungslos verpufft. Ob Attac, die Weltsozialforen unter dem Motto «Eine andere Welt ist möglich», ob Occupy Wall Street, Arabischer Frühling, Gelbwesten, Fridays for Future, Deutsche Wohnen oder die Friedensbewegung. Doch, es gab eine Wirkung, nämlich die Botschaft, dass an der bestehenden Ordnung nicht zu rütteln ist. Der Kapitalismus hat der Demokratie die Möglichkeit zu seiner Abschaffung entzogen. Und das auf drei Wegen.

Auf stille Weise durch sein Rechtssystem, das ihn nicht nur absichert, sondern ihm eine juristische Ewigkeitsgarantie gewährt.[59] Hauptaufgabe des Staates im Kapitalismus war immer der Erhalt der Eigentumsordnung. Er ist eine Apparatur zum Schutz systemrelevanten Privateigentums auf Kosten der Allgemeinheit. Diesen Auftrag erfüllt er reibungslos.

Für den zweiten Weg erteile ich General Dwight D. Eisenhower das Wort, der vor seiner Zeit als US-Präsident auch Oberkommandierender der Nato in Europa war. In seiner Abschiedsrede kam er 1961 zu dem Fazit: «Wir in den Institutionen der Regierung müssen uns vor unbefugtem Einfluss durch den militärisch-industriellen Komplex schützen ... Wir sollten nichts als gegeben hinnehmen. Nur wachsame und informierte Bürger können das angemessene Vernetzen der gigantischen industriellen und militärischen Verteidigungsmaschinerie mit unseren friedlichen Methoden und Zielen erzwingen.»

Die Bürger waren offenbar nicht informiert genug – aus dem Erzwingen wird gerade gar nichts. Und das hat der dritte Weg bewirkt. Die große mediale Erzählung, wonach es nichts Schöneres zu verteidigen gibt als unsere real existierende Freiheit und Demokratie. Die viel beschworene regelbasierte Ordnung, deren Grundsatz lautet: Die Regeln bestimmt die einzige Weltmacht. «Unsere Lebensweise ist nicht verhandelbar», ließ George Bush sen. 1992 seine Gegner im In- und Ausland wissen. Diese regelbasierte Unordnung hat die ganze Welt frustriert und selbst die Verbündeten zu «tributpflichtigen Vasallen»[60] gemacht, die für die weltweit stationierten US-Truppen zahlen müssen. Es ist gut, dass diese Regeln zu Ende gehen.

Der Vernunft trotz allem beistehen

Damit hat das Ringen um neue Regeln begonnen. «Es ist einfacher, sich das Ende der Welt vorzustellen als das Ende des Kapitalismus.» Der britische Kulturtheoretiker Mark Fisher hat diesen Slavoj Žižek zugeschriebenen Satz aufgegriffen und eine Analyse des Scheiterns eingefordert. Zu welchem sowohl eigene Konzeptlosigkeit gehört als auch die Zersetzungsmethoden der Macht. Die antikapitalistische Bewegung sei unfähig, ein alternatives polit-ökonomisches Modell auszuarbeiten, ihr eigentliches Ziel schien nicht die Abschaffung des Kapitalismus, sondern nur die Bekämpfung seiner schlimmsten Exzesse.[61]

Wird es möglich sein, Menschen für einen kleinsten gemeinsamen Nenner zu mobilisieren, den man Fortschritt nennen könnte? Für meine Vorstellung von Vernunft – eine friedliche, auf Gemeinwohl ausgerichtete Ordnung, in der die bürgerlichen Freiheiten garantiert sind, weil die Demokratie auch die Wirtschaft erfasst?

Das Defizit liegt weniger im Konzeptionellen als in den Möglichkeiten der Durchsetzbarkeit. Die Varianten von repräsentativer Demokratie, deren Grundgedanke ist, dass die Masse der Bevölkerung nicht in der Lage ist, die komplexen Zusammenhänge zu begreifen und deshalb von einer gewählten Elite repräsentiert werden muss, ist, entgegen Engels Hoffnungen, eine zuverlässige Barriere gegen revolutionäre Flausen. Diese Konzeptionen von «Demokratie» «entledigen sich des normativen Gehalts und damit des eigentlichen Kerns der ursprünglichen Leitidee von Demokratie», befindet Rainer Mausfeld in seinem aus 5000 Jahre Geschichte abgeleiteten, scharfsinnigen 500-Seiten-Buch über die Entzivilisierung von Macht.[62]

Ein Fortschrittskonzept würde einen echten Politikwechsel voraussetzen. In der Sonntagsfrage sind die «Sonstigen», die Splitterparteien, mit der AfD fast gleichauf. Zunehmend werden die Nichtetablierten als echte Protest-Alternative angenommen. Sie füllen eine Repräsentationslücke, auch wenn sie vorerst keine Repräsentanten stellen können. Ob sie die Erfahrung des Linksblocks in Frankreich nutzen? An ähnlicher Verschiedenartigkeit fehlt es ihnen nicht. Rechnet man die Nichtwähler wie eine Partei dazu, dann haben laut Vorhersagen die althergebrachten bundesdeutschen Parteien zusammen unter den Wahlberechtigten die absolute Mehrheit schon verfehlt. Der Block der Etablierten steht einem leicht größeren Block der Nichtetablierten gegenüber.

Eine gewisse antikapitalistische und antiamerikanische (der US-Imperialismus ist die eigentliche Gefahr für den Weltfrieden) Orientierung gibt es ausschließlich im nichtetablierten Block. Also der derzeitigen Größe nach unter Nichtwählern, AfD, Sonstige, BSW und LINKE. Dabei ergeben Analysen, dass man die Nichtwähler nicht einfach in AfD-Nähe verorten kann. Auch ihre Entscheidung ist ein stiller Protest, nicht einfach Desinteresse oder Lustlosigkeit. Je ärmer ein Wahlkreis, je niedriger die Wahlbeteiligung. Nichtwähler zu mobilisieren hieße, ihre sozialen Bedingungen zu verbessern. Was unter der heutigen Militarisierung des Denkens und des Haushaltes, wenn überhaupt, nur mit anderen Mehrheiten möglich wäre. Da beißt sich die vielbeschworene Katze in den Schwanz.

Die LINKE ringt um ihren Fortbestand. Die SPD hat bei der Europawahl das schlechteste Wahlergebnis seit ihrem Bestehen eingefahren. Ob sie die Kraft aufbringt, sich an ihre verschütteten Ursprünge zu erinnern, wonach Reparaturen am Kapitalismus nicht genügen, *sondern* eine «neue Ordnung von Wirtschaft und Gesellschaft» nötig sei? Dass Grüne sich auf ihre Wurzel besinnen, scheint so ausgeschlossen, dass ich den Gedanken gleich aufgebe.

Der ökologische Umbau kann nicht ausgesetzt werden, um in einem verheerenden Abnutzungskrieg gegen Mensch und Natur auf Sieg zu hoffen. Schon in Friedenszeiten verursacht das Militär laut SIPRI ein Viertel der weltweiten Umweltverschmutzung. Es ist damit der größte institutionelle Verbraucher fossiler Brennstoffe. Doch die Staaten, als wären sie unbelehrbar, gaben schon bisher sechsmal weniger für die Bewahrung des Klimas aus als fürs Kriegswesen.

Die bewundernswert Kampfentschlossenen von den Ökologie-Bewegungen kämpfen zu Recht vehement für eine Verkehrswende. Sie müssen sich dennoch fragen lassen, weshalb sie es hinnehmen, dass das Militär für seinen ökologischen Fußabdruck weltweit niemandem rechenschaftspflichtig ist. Die Studie der NGO *Oil Change International* etwa, die ergeben hat, dass der Kerosinverbrauch von vier Jahren Irakkrieg so hoch war wie der Jahresverbrauch von 25 Millionen Autos, ist nicht ihr Thema. Schläft da auch ein Teil ihrer Vernunft?

«Das Gedächtnis der Menschheit für erduldete Leiden ist erstaunlich kurz. Ihre Vorstellungsgabe für kommende Leiden ist fast noch geringer», mahnte Bertolt Brecht beim *Völkerkongress für den Frieden* in Wien 1952. Und doch sei es nicht aussichtslos, der Vernunft gegen ihre Feinde beizustehen. «Lasst uns die Warnungen erneuern, und wenn sie schon wie Asche in unserem Mund sind! Denn der Menschheit drohen Kriege, gegen welche die vergangenen wie armselige Versuche sind, und sie werden kommen, ohne jeden Zweifel, wenn denen, die sie in aller Öffentlichkeit vorbereiten, nicht die Hände zerschlagen werden.»

Krieg verlernen – was für eine überlebenswichtige Aufgabe der Menschheit, nicht nur für Pazifisten. Nach der Friedensvision des Propheten Micha wird der Streit zwischen den Völkern geschlichtet. Diese wunderheilsame Überzeugungskraft wird im Alten Testament dem zu erwartenden Messias zugeschrieben, der das Abrüstungsgebot zuerst in Israel, dann in der ganzen Welt durchsetzen wird. Daraufhin schmieden alle ihre Schwerter zu Pflugscharen und ihre Speere zu Winzermessern um. Kein Volk greift mehr das andere an. Alle wohnen unter ihrem Weinstock und Feigenbaum, niemand schreckt sie.

Nach etwa 3000 Jahren sehnsuchtsvollen Hoffens sollte klar sein: Die Wartezeit ist abgelaufen! Die dem Messias zugeteilte Arbeit ist in Wahrheit unsere Arbeit. Unter den gegebenen Umständen bleibe ich skeptisch, ob menschliche «Vernunft» das, was sie angerichtet hat, auch richten kann. Nichts wünsche ich mir mehr, als mich zu irren.

Anmerkungen

1. Lea Ypi: Die Architektonik der Vernunft. Zweckmäßigkeit und systematische Einheit in Kants «Kritik der reinen Vernunft», Suhrkamp 2024
2. Morgenandacht von Pfarrer Holger Treutmann am 5.6.2024 im DLF
3. Interview mit Herfried Münkler, DLF, 5.6.2024
4. Clara Albrecht, Tetyana Panchenko: Flüchtlingsbewegungen aus der Ukraine, ifo.de, April 2022
5. Carsten Breuer im Spiegel vom 10.2.2024
6. Stefan Scholl: Europa und die russische Bedrohung: Was hat Putin als Nächstes vor? NZZ, 5.5.2024
7. Kein Krieg mit der Nato. Der jährliche Bericht der amerikanischen Geheimdienste, Berliner Zeitung, 15.3.2024
8. Henry Kissinger: Eine Dämonisierung Putins ist keine Politik. Ipg-journal, 6.3.2014
9. Zitiert nach Dieter S. Lutz: Krieg nach Gefühl, Frankfurter Allgemeine Zeitung, 15.12.2000
10. Siehe zu diesem Thema Daniela Dahn, Der Schnee von gestern ist die Sintflut von heute, Rowohlt 2019, S. 206–224
11. In: Den Krieg verlernen. Eine Flugschrift. S. 11. VSA Verlag 2024
12. Jeffrey Sachs, Save Ukraine from American meddling, in: *The Hill*, 27.6.2024; https://thehill.com/opinion/international/4741597-save-ukraine-from-american-meddling/
13. Kolumne von Boris Johnson in der Boulevard-Zeitung *Daily Mail* vom 12.4.2024, als Video auf *Geopolitical Economy Report*
14. Jeffrey Sachs, Common Dreams vom 19.6.2024
15. George Beebe: The Russia Trap. How Our Shadow War with Russia Could Spiral into Nuclear Catastrophe, Thomas Dunne Books, NYC 2019
16. Zitiert nach: infosperber.ch, 24.10.22, Ukraine: Streit über das Risiko einer nuklearen Eskalation
17. In: Peter Strutynski (Hg.): Ein Spiel mit dem Feuer. Die Ukraine, Russland und der Westen. Köln 2014
18. Michael Hudson: Blick aus den USA – Deutschland als Kollateralschaden in Amerikas Krieg, Berliner Zeitung, 1.4.2024, S. 27
19. Zitiert nach Jeffrey Sachs: Stoltenberg räumt ein, Nato-Expansion war Kriegsgrund. Infosperber.ch, 23.10.23
20. Ebenda
21. Glenn Diesen: The Ukraine War & the Eurasian World Order, Clarity Press, Februar 2024

22. Richard Sakwa: The Russia Scare. Fake News and Genuine Threat, London und New York 2023
23. Ben M. Debney, The oldest Trick in the Book. Panic-Driven Scapegoating in History and Recurring Patterns of Persecution. Singapur 2020
24. Siehe dazu ausführlich Daniela Dahn: Im Krieg verlieren auch die Sieger, S. 21ff.
25. Brief von Viktor Orbán an den Präsidenten des Europäischen Rates, in Pioneer Briefing vom 16.7.2024, zitiert nach Ossietzky 15/16 2024, S. 502
26. Interview mit J. K. Galbraith in der Berliner Zeitung vom 13.5.2024
27. Georg Beebe, Statement auf der Seite seines Institutes Responsible Statecraft vom 25.4.24
28. Ex-US-Präsident Jimmy Carter im Interview mit Thom Hartmann, YouTube, 28.7.2015
29. Siehe Jürgen Kocka, Kapitalismus und Demokratie S. 10, Archiv für Sozialgeschichte 56, 2016
30. Meinungsforscher analysieren den Umbruch, Links-Verlag 1990, S. 86
31. Steffen Mau: Oststolz und Osttrotz, Blätter für deutsche und internationale Politik, 7'24
32. Taz-online-Archiv, Jens König: Die heilige Daniela aus Ostberlin, 31.10.98 S. 1–3
33. Dirk Oschmann, Der Osten: Eine westdeutsche Erfindung, Berlin 2023
34. George Soros: Die Krise des globalen Kapitalismus. Offene Gesellschaft in Gefahr. Berlin 1998
35. Stefan Berkholz: Daniela Dahn – Autorität aus dem Osten, Tagesspiegel vom 20.9.94
36. Der folgende Text entstand für das literarische Kabinett OST*WEST*frau, das vom 8. bis 10.März 2024 in der Berliner Volksbühne stattfand.
37. Annette Weinke, Bundesrepublik und DDR: NS-Prozesse als Katalysator kollektiver Lernprozesse? Konferenzvortrag, Tübingen 19.4.2008.
38. Susan Neiman: Ein neuer Historikerstreit? In: Jenseits von Mbembe, S. 250, METROPOL Verlag 2022
39. Siehe freiheitsrechte.org oder kop-berlin.de
40. Pressemitteilung Nr. 43/24 des OLG Frankfurt vom 15.9.2023
41. Zentrale Dienstvorschrift über «Militärische Formen und Feiern der Bundeswehr» 10/8, Fassung vom 18.6.91
42. Siehe dazu: Daniela Dahn, «Der Schnee von gestern ist die Sintflut von heute», Rowohlt 2019, S. 110–130
43. Régine Robin, Gedächtnis einer Stadt, Berlin 2002, S. 178.
44. Joachim Perels, Entsorgung der NS-Herrschaft?, Hannover 2004, S. 265.
45. Jeder achte Deutsche ist Antisemit. Spiegel-Umfrage in Heft Nr. 4 vom 20. Januar 1992, S. 50.

46. Vgl. Friedrich-Ebert-Stiftung, Rechtsextreme Einstellungen in Deutschland, Berlin 2006, S. 43.
47. Edward C. Holms, Vertrauen wird untergraben, wenn Wissenschaftler übertriebene Versprechen machen. nature, 7. 6. 2018
48. Siehe Aufruf «Wissenschaftler fordern Stopp gefährlicher Experimente mit Viren». Cicero, 23. 2. 2022 und: Karl-Heinz Roth nennt eine Letalitätsrate zwischen 0,5 % und 0,8 %: Die Corona-Krise und ihre Folgen, Telepolis 6. 8. 2023
49. Wissenschaftler fordern Stopp gefährlicher Experimente mit Viren. Cicero, 23. 2. 22
50. U.S. Intelligence Agencies May Never Find Covid's Origins, New York Times, 21. 6. 23
51. Opening Statement of Steven Quay, MD, PhD, 18. 6. 2024
52. Christian Drosten bei Maybrit Illner am 27. 6. 2024 zum Thema: Der Corona-Schock
53. Zitiert nach Roland Wiesendanger, Das Lügengebäude bröckelt. Cicero, 27. 5. 2024
54. Michael Maier: Die Arroganz des früheren RKI-Chefs Lothar Wieler. Berliner Zeitung vom 26. 3. 2024
55. Studie des Institutes für Publizistik vom Dezember 2022
56. Richard David Precht und Harald Welzer: Die vierte Gewalt. Wie Mehrheitsmeinung gemacht wird, auch wenn sie keine ist. Verlag S. Fischer, 2022
57. Siehe dazu Herden, Herles, Jochimsen, Schmidt: Der aufhaltsame Abstieg des öffentlich-rechtlichen Fernsehens, Berichte von Beteiligten. Berlin 2023
58. Friedrich Engels: Einleitung zu Karl Marx' «Die Klassenkämpfe in Frankreich 1848–1850». MEW, Bd. 22
59. Siehe hierzu ausführlich: Daniela Dahn, Wir sind der Staat. Warum Volk sein nicht genügt. Rowohlt 2013
60. So Zbigniew Brzeziński in seinem 1997 erschienenem Buch «Die einzige Weltmacht»
61. Mark Fisher: Kapitalistischer Realismus ohne Alternative? VSA 2013
62. Rainer Mausfeld: Hybris und Nemesis. Westend 2023

Bildnachweis

Seite 18: Robert-Havemann-Gesellschaft / Klaus Ihlau / RHG_Fo_KIhl_001
Seite 19: Robert-Havemann-Gesellschaft / Rolf Zöllner / RHG_Fo_RZ_204, Sign. RHG_Fo_RZ_0204
Seite 20: Robert-Havemann-Gesellschaft/Rolf Zöllner/RHG_Fo_RZ_204, Sign. RHG_Fo_RZ_0208
Seite 21: Robert-Havemann-Gesellschaft/Rolf Zöllner/RHG_Fo_RZ_204, Sign. RHG_Fo_RZ_0214

DANK

Mein Dank gebührt *Frank Strickstrock*, der auch dieses Buch angeregt und begleitet hat. Es ist eine seltene Gunst, dreißig Jahre lang denselben Lektor zu haben, jedenfalls, wenn man durch viele Gemeinsamkeiten freundschaftlich verbunden ist. Schon 1994 war Frank Strickstrock Geburtshelfer meines ersten Rowohlt-Buches, damals noch als Mitherausgeber der rororo-aktuell-Reihe. Ich verdanke ihm eine intensive, inspirierende, auch herausfordernde Zusammenarbeit, in der ich nicht nur von ihm gelernt und profitiert habe, sondern die auch Spaß gemacht hat und macht. Er hat mich in meinen Vorhaben immer ermutigt.

Ich danke meinem Webmaster *Marco Schumann*, dem ich seit zwanzig Jahren bei technischen Problemen zu fast jeder Tag- und Nachtzeit Hilferufe senden kann. So auch bei diesem Manuskript. Er rettet von meinem Radar verschwundene Dateien aus Clouds und digitalen Papierkörben, saniert meine Festplatte nach Spam-Attacken und mahnt zu regelmäßigen Backups. Die Pflege meiner von ihm entworfenen Website vertraue ich seiner Content- und IT-Kompetenz an, ein Rundum-sorglos-Paket.

© Nora Hollstein

Daniela Dahn, geboren in Berlin, studierte Journalistik in Leipzig und war Fernsehjournalistin. 1981 kündigte sie und arbeitet seitdem als freie Schriftstellerin und Publizistin. Sie war Gründungsmitglied des «Demokratischen Aufbruchs» und hatte mehrere Gastdozenturen in den USA und Großbritannien. Sie ist Trägerin unter anderem des Fontane-Preises, des Kurt-Tucholsky-Preises für literarische Publizistik, der Louise-Schroeder-Medaille der Stadt Berlin und des Ludwig-Börne-Preises. Bei Rowohlt sind bislang 14 Essay- und Sachbücher erschienen, zuletzt «Im Krieg verlieren auch die Sieger» (2022).